教育の明日を拓く

いじめ克服、少人数学級、教育無償化、反動教育阻止のために

三輪定宣

22世紀アート

はじめに

最近の総選挙（二〇一二年一二月一六日投票）では、いじめ問題が大きな争点となり、各党がその解決を公約に掲げた。子ども同士のいじめが多発し、自殺に追い込まれる痛ましい事態は深刻の極みであり、日本の教育と社会の積年の歪みを象徴し、教育問題の域を超えた一大社会問題、政治課題に浮上したのである。

本書は、私が務める千葉県の「憲法がいきる明るい千葉県をつくる会」の代表委員の立場で、いじめ問題をはじめ、当面する教育問題の解決を考えるために刊行される。内容は私がこれまでに発表した原稿や論文の収録であり、そのいずれも「教育の明日を拓く」ための全国に共通する切迫した教育課題である。県内外の多くの方々に関心を寄せていただければ幸いである。

今日、未来をつくる教育が問われるのは、人類史的な歴史の転換期にあるからと考える。二〇一一年三月一一日の東日本大震災、特にその被害による福島原発事故は、戦後最大の国難にとどまらず、「文明の暴走」を象徴する人類史的惨害となった。原発事故、核戦争の脅威、グローバル資本主義の横行など、現代は「文明の暴走」の危険に満ち、はたして人間・人類はそれを制御できるかという難問に直面している。人間の能力形成を担う教育の役割が人類存亡にかかわる最重要課題となってきた。最近、このような問題意識を基調に、私が編集代表を務める教師教育テキストシリーズ全一五巻の第一巻として、教育学の概説書、『教育学概論』(学文社、二〇一二年一一月)を刊行した。その「まえがき」の部分で大要、つぎのように説明した。

人間(ヒト)は「教育的動物」といわれる特殊な動物であり、「人間は教育によってつくられる」。ほかの動物では、主として遺伝子に刻まれたプログラムにしたがって「本能」があらわれ、能力を発現、発揮するのに対し、人間は、「本能」だけでなく、教育に大きく依存し、教育を受けて文化を身につけ能力が発達するよう特異な進化を遂げた生物である。能力が「本能」に依存する他の動物は長期安定的(しばしば数億年)に種として生存するが、ヒトという動物は、生命、生物の歴史では比較的最近(約七〇〇万年前)登場し、主に「本能」ではなく「教育」に依存し、人類という種の命運を「教育」に賭ける生存戦略を選択した。

しかし、人間個人の生命は一代限りであり、教育で身につけた個人の能力は死とともに失われ、能力形成は世代ごとにゼロから繰り返される。親の身につけた能力の水準を次代に遺伝では伝えられない絶対的限界がある。

これに対し、社会的には、人間は教育により能力を発達させ、文化・文明を継承・創造し、世代を重ねるごとにそれを社会に蓄積していく。それは、際限なく膨張・複雑化、加速し、ある時点・局面で文明社会と人間個人の能力との乖離《かいり》が限界を超え、人間が文明や社会をコントロールできない事態が予想される。教育の力が世代の更新で多少は向上するとしても文明とのギャップは拡大しつづけ、人類が生みだした文明、とくにその暴走が制御不能となり、自滅の危険が増大することは不可避と考えられる。東日本大震災の福島原発事故はその象徴的事態であった。

二一世紀は人類の自滅の危機の分岐点と考えられ、人類の生存を維持するには、教育を個人と社会の最優先事項と認識し、非力な「教育の力」を飛躍的に高める以外に有効な生存戦略は考えられない。「文明の暴走」の教育による制御である。近年、国連機関・ユネスコが提起する教育・教職最優先と教育共同責任の方針はそのメッセージとも解される。例えば、「二一世紀の諸問題の解決は教育の役割により決定される」(一九九八年、高等教育世界宣言)、「もっとも有能な若者を教職に惹きつける」「教育はすべての人々の責任」(一九九六年、教師の役割と地位に関する勧告)などの提言であり、そのために必要な「教育の力」を生み出す「新しい教育学」(一九九八年宣言)の創造の提起である。

本書の「教育の明日を拓く」という観点は、そのような課題意識に依拠している。ただし、内容は、今日的な教育問題――いじめ、学級規模、教育費、教育基本法改定、自治体の教育政策、東日本大震災と教育――に関する若干の論文集であり、それらの問題を実際的に考える参考となるように編集した。筆者は、一九六〇年代以降、各時期の当面する教育問題についてその都度、発言し、行動し、関連論考を発表してきた（『三輪定宣業績一覧』戸倉書院、二〇一二年一二月）。今後、問題別・分野別の著作集を刊行することを予定している。

なお、論文の出典はそれぞれの末尾に掲載した。いずれも発表時のままであり、自治体、省庁の名称、役職等が現在と異なる部分があることをお断りする。

目　次

第五章　自治体の教育政策と教育の未来　149

第一章　いじめ問題とその克服

第一章解説

二〇一二年七月以来、大津市の「いじめ自殺」事件（二〇一一年一〇月）が大々的に報道され、いじめ問題が大きな社会問題に浮上した。二〇一二年八月二五日、大津市は第三者調査委員会を設置して事件解明に乗り出し、一二月二七日、滋賀県警は学校、大津市教育委員会の捜索、加害生徒等の調査に基づき生徒を地検に書類送検、児童相談所に送致した。二〇一二年一二月の総選挙でも各党は、いじめ問題への国民の強い関心を受け、その解決を公約に掲げ、関連する集会が各地で開催された。例えば、日本共産党『「いじめ」のない学校と社会』（二〇一二年一一月二八日）は、子どもの命最優先と過度のストレスを与える教育と社会の変革を提言した。一節に報告する千葉県のシンポジウムも集会の一例である。

子どもの「いじめ自殺」は、二七年前の東京都中野区富士見中学校事件（一九八六年、「葬式ごっこ」などの「生き地獄」を訴えた遺書）、愛知県西尾市東部中学校事件（一九九四年、いじめ告発の遺書）などで社会問題化しているが、いまなお解決にほど遠い実状である。

文部科学省の「いじめ」の定義（二〇〇七年以降）は、「心理的物理的な攻撃を受けたことにより精神的な苦痛を感じているもの」とされ、その「いじめ」の「認知数」は、二〇一一年度年間七万二三一件、児童生徒一〇〇〇人当たり小学校五・三件、中学校九・三件、高校七・一件であった（『二〇一一年度・児童生徒の問題行動調査』)。大津市の事件を受け、同省が行った二〇一二年四〜九月の半年間のいじめ緊急調査では、いじめ認知数は小中高合計一四万四〇五四件、前年度一年分の二倍を上回り、年間換算で約四倍の急増である。この事件による学校側のいじめへの敏感な反応が一因であろうが、いじめの深刻さを浮き立たせた。

一九四七年の教育基本法は、「個人の尊厳を重んずる」(前文) ことを、教育の最優先原理に掲げ、同法改正でも継承され、一九六六年の子どもの権利条約は、学校教育の「子どもの人間の尊厳」への適合原則を明記している。いずれも子ども一人ひとりを人間として大切にする教育原理である。そのためには、学校の自由と共同の保障や少人数学級、無償教育などの教育条件整備が不可欠であるが、実態は管理・競争教育の強化、過大学級・過重な教育費など教育行政の歪みや責任放棄であり、それがいじめの温床となっている。社会的弱者や職場のいじめなど社会全体のいじめ構造もその背景にある。いじめ問題の解決には、これらの改善、改革を視野に入れる必要がある。

第一節「子ども・学生・保護者のいじめ問題とその解決についての意見」は、総選挙のさなかの千葉県のいじめシンポジウム「子どものいじめと社会の様相」での私の基調講演と総括的発言の再録である。数量的調査では把握できない生の意見であり、いじめ解決に貴重なヒントが含まれている。

第一節　子ども・学生・保護者のいじめ問題とその解決についての意見

いじめアンケートの分析と考察

シンポジウム「子どものいじめと社会の様相」での基調講演、二〇一二年一一月二四日、同実行委員会主催、千葉県

Ⅰ　準備過程と最近のいじめ統計

1　シンポジウムの準備経過

いじめシンポジウムの準備過程は以下の通りです。およそ二〇年前、「子どもと教育・文化を守る千葉県民の会」（代表委員：三輪定宣、全教千葉ほか参加）は、『ねえきいて！　ほんとのきもち——二五〇〇人の子どもの声とおとなのへんじ』（自治体研究社、一九九五年八月一五日）を発行しました。「子どもの権利条約」（一九八九年、国連総会採択、一九九四年、日本政府批准）を受け、「子どもの最善の利益」（三条）の実

現、そのための子ども理解と、その生の声を聴くことからはじめようとした試みです。シンポジウムの題名はそれを踏まえています。

二〇一二年九月一四日、「憲法が生きる明るい千葉県をつくる会」（一七団体で構成。以下、「明るい会」）の代表委員会は、社会問題となっているいじめ問題の解決を、県政の課題として重視することを決定し、同月二四日、小委員会でいじめシンポジウムについて打ち合わせ、二八日、アンケート案検討、一〇月一八日、アンケート用紙配布開始、一一月一六日、同一次集約（合計三七五人、子ども一三七人、大学一年生九四人、保護者等一四四人）、一一月二〇日、アンケート分析会議を開催し、二四日のシンポジウムに備えました。

2　最近のいじめ事件と統計

今年（二〇一二年）七月上旬の大津市中学生のいじめ自殺事件報道以来、いじめ問題の情報があふれ、日本列島はその洪水に襲われた観があります。昨日（一一月二三日）も新聞各紙が文部科学省（文科省）のいじめ緊急調査の結果を大きく報道しました。いじめが四~九月の半年で一四万四〇五四件、前年度一年分の二倍以上、実質、対前年度四倍を上回ります。千葉県は一万五七九三件、一〇〇〇人あたり認知数（認知率）は二四・二件で、件数は昨年度同様全国二位、認知率は六位です。認知率は首都圏では埼玉一・七件、神奈川五・六件、東京六・八件で千葉県はその一四倍〜三・六倍という異常な高率であり、調査方法の多少の差を考慮しても千葉県が〝いじめ先進県〟であることがクローズアップされたといえます。いじめの態様は、千葉県の場合、「冷やかし」などが四七・〇％、「仲間はずれ」など二四・九％、「軽くぶつ」など二三・一％、以上で九五・〇％、ほかに「ひどくぶたれる」「金品をたかられる」「嫌なことをされる」、「携帯電話で誹謗中傷される」、などです。

Ⅱ　いじめアンケートの分析

1　アンケートに見るいじめの実態

「明るい会」のアンケート（用紙掲載は省略）は、子ども用と保護者用の二通りとし、質問は①「いじめられたこと」、②「いじめたこと」、③その見聞、④いじめをなくす方法、⑤学校や子どもについて思っていること、の五点です。三七五人の回答の分析結果は、シンポジウム会場では資料として配布しました。私が、回収用紙に書かれた文章のすべてを原文のままワープロに打ち込みました（特に長い文章のみ一部省略)。

「いじめられたこと」(設問Ⅲ) のある人の割合は、子ども (高校以下) 一六・一%、大学生 (その小中高校生時代) 一九・四%、保護者の子や孫二九・二%です。二割弱の子が「いじめられた」経験をもち、心の傷を負っています。「いじめたこと」のある人の割合は、子ども〇・四%、大学生五・三%、保護者の子や孫〇・五%、「いじめの見聞」は子ども一六・八%、大学生二〇・二%、保護者九・七%でした。「いじめられた」経験はいつまでも消えないのに対し、「いじめた」経験は忘れることが多く、割合は少なく出たとみられます。「ない」「わからない」にもいじめた加害者、傍観者がかなり含まれているはずです。

「いじめられたこと」のある人の割合を、一〇〇〇人あたりに換算すると、子ども一六一件、大学生一九四件、保護者の子や孫二九二件、その平均は二一七件です。文科省調査では全国平均一〇・四件、千葉県二五・二件ですから、この数値はそれぞれの二〇・九倍、九・〇倍です。文科省調査は学校側が把握した時点の認知数、アンケート調査は子どもの在学期間の体験値であり、単純に比較できませんが、この数値は衝撃的で、文科省の調査は氷山の一角であり、そこに現れない無数のいじめの実態がひろがっていると解されます。

アンケートに書かれているいじめの例は、以下の通りです。

【小学生・中学生・高校生・特別支援学校】

設問Ⅲ　いじめられたこと

○小学校

「パンチ　キック」（小一男）、「『バカ』『あっちへ行け』と言われた」（小一女）、「ぼう力」（小四男）、「えんぴつをとられたりたたかれたりしていた」（小三男）、「仲間はずれにされた。今まで仲が良かったが、突然、あそばなくなった」（小四男）、「わるぐちをよくいわれる」（小四男）、「ストレス発散的な行動」（小四女）、「けられた」（小四女）、「仲間はずれ。うそをつかれた。貸してと言っても貸してもらえなかった」（小四女）、「うわばきをかくされた」（小五男）、「転校して来た時、数人から攻撃的に接しられました（一〜二ヵ月）」（小五男）、「友達にむしされました」（小六男）、「コショコショ話をされる」（小六男）、「二年のとき物かくしを少しされた」（小六女）

○中学校

「けんかしたりするけど、いじめとは思っていないので、向こうはいじめているのかも」（中二女）、「髪に白髪があり、からかわれた」（中二）

○高校

「担任の女教師から、小学校低学年時。給食当番をしている時、一本残っていた牛乳を『飲んでないでしょう』と言われ、飲んだと返答したのに聞き入れてもらえず、ぬるくなった牛乳を無理やり飲まされて気分が悪くなった。今でもぬるい牛乳は当時を思い出し、のめない。呼ばれてそばに行くと、耳のそばで大きな声で怒鳴られた」（高一男）、「いじめといえるか分からないけど、急に皆がよそよそしくなったり仲間はずれにされました」（高一女）、「無視されたり、陰口をいわれたり、消しゴムを飛ばされた。体臭が臭い、手がふれると避ける、行動をバカにする。空気が重い、気が合う子がいない。グループを作る時、仲間に入れてくれない」（高一女）、「悪口」（高二女）、「バカにされた（笑われた。呼びつけ〈名前〉された）」

○特別支援学校

「クラスの子全体から『バイキン』『バイキンタッチ』とか言われた。特定の子から追いかけられたりけられたりしたことがある」（特二男）

設問Ⅴ　いじめたこと

「悪口」「友だちと組んで仲間はずれにした」「悪口を言った」「キック」「ぼうりょくをふるったりからかったりした」「頭をたたく、悪口を言う、給食の時、その子を置いて、先に食堂に行った」

設問Ⅷ　いじめの見聞

「道具ぶくろに水のりを入れる、仲間はずれにする。無視する」「小学校低学年の時、自身がいじめられた担任のしたこと。『○さんは○さんが好きです（笑い）』と教室でいった。帰りの会で何か言った生徒に『うるさい！　出ていけ！　○○いらない。出ていけ、いらない』と言い、女の子の腕をつかんで廊下にだした」「ドッジボールをしている時に、ある特定の子だけはボールが渡らない様にしてその子にだけ、投げなかったことがあります。特定の子だけ無視する様に、リーダー格の子（他何人か）を中心にしていました」「ともだちがかたをおされて、どなられていた」「嫌がらせ」「中学校の時、クラスメイトが文句を言われ、友人からはぶかれる、無視されるところを見たことがあります」「小学校低学年（小一かも）、ある男子が数人の男子に『○○へ～しろ』といじめる命令をしていた。言われた男子は言われた通りにした。内容は忘れた」「男子がちょっと変わった女の子をからかっていじめていた」「暴力」「くつをかくした」「あるけれど人には言えない」「サッカー教室で六年生が下の学年の子をいじめている」「いじめかどうかわからないけれど、けったりしているのを見たことがある」「罪をなすりつけられたり、無視されたり、外されたりしていた」「とある女子クラスの子たちが、一人の子を囲んでた」「一年生のころどうきゅう生でおなじクラスの女の子が五、六人の男の子にいじめられていました（もうやめました）」

【大学生】

設問Ⅲ　いじめられたこと

Ａ　自分

①「私に触るとのろいが付くというはぶかれ（仲間はずれ）をされました」、②「図工の作品に落書きさ

れたり、毎日『死ね』『バカ』と言われたりした。トイレに呼び出されたこともあった。無視もされた」、③「無視、ごはんに虫を入れられたり、悪口などをたくさんいわれた」、④「いつも一緒にいたメンバーの子達が急に口をきいてくれなくなったりした。また物をとられたりした」、⑤「中学の時、部活内で目の前で悪口、わざとボールを当ててくるなど」、⑥「仲間はずれ」、⑦「シカト、物かくし」、⑧「グループからはぶかれたり、しかとされたり机を汚された」、⑨「暴力を振るわれた。給食のスープに消しゴムのかすを入れられた」、⑩「クラスで集団無視的な。一部のひとたちに落書きされたりとか。悪口を聞こえるように言われた。弟は叩かれたりしたらしい」

Ｂ　兄弟姉妹

①「バカにされる。ものをぶっつけられる」（小二男）、②「友達に無視されたり、仲間はずれにされた」（小三女）、③「遊びにいれてもらえない。いやがらせをされる」（小六男）、④「ける、なぐられる。悪口をいわれる」（小六男）、⑤「シカト、物かくし」（高一男）、⑥「シカトとか仲間はずれ」（高二女）、⑦「無視されたり、はぶかれたり、机がたおされていたりしました」（高三女）

Ｃ　自分の子

①「ハーフ（アメリカ）なので、（話したことのない）上級生から『外人、外人～！』と追いかけ回され、たたかれる」（子、保育園三歳・五歳）、②「無視されたり、いじられたり」（子）

設問Ⅵ　いじめたこと

Ａ　自分

①「無視したり」、②「それほど陰湿ではなかったが、小学生のとき、男の子のイスをけって泣かせてしまったりした。いじめかどうかわからないが、陰で悪口を言ったりしていた」、③「少し障がいをもった子をいじめていたのを笑ったり、ちゃちゃを入れたりしていた。自分がはぶかれそうになったので、逆にその子をしょぶり（?）返した。無視や悪口」④「むし」、⑤「しかととか」

設問Ⅸ　いじめの見聞

①「言葉の暴力」、②「『○○にさわられた』や『○○菌』といってその人に触らないように、その人が配膳した給食はたべないなどがあった」、③「仲間はずれや無視など」、④「無視とか、少し障がいのある子の独特な動きを真似したり、汚い物扱いしたりしていた」、⑤「しかとなど」、⑥「ニュースで聞きます。なぐるけるなどされている子がいる」、⑦「テレビなどで見たり聞いたりした」、⑧「親御さん、先生にわからない。気がつかれないようないじめ。はぶき（集団）、言葉の暴力が非常に多い。そのため、気づかれない」、⑨「くつをかくされた。仲間はずれにされていた」、⑩「大人の見えないところでジリジリと相手をおいつめて（部屋のすみなど）つねる、たたく（四歳）」、⑪「陰口、暴言、暴力」、⑫「障がいがある子に対するからかい」、⑬「うわばきをぬらしたり、裏にして靴ばこに入っていたのを見た。帰

りにランドセルをもたされたりしていた。仲間はずれしたりしていた」、⑭「授業中、先生に気づかれないようにけしごむをきりきざんだものを投げていた」、⑮「話しかけずに避ける。そうじの時にその人の机を運ばない」、⑯「物をぶつけられたり、つかんでころばされたりされていました」、⑰「集団で一人の人をむししたり、悪口をいっていた」、⑱「トイレに追いつめられたという話をいじめられていた本人から聞いたことがある」、⑲「私が小学生のとき、友人が男の子にデブとかいわれていた」

いじめの種類は、アンケートの記入事例をまとめると次のように分類できます。

①言葉によるいじめ＝暴言、悪口、陰口、言いがかり、など。②態度によるいじめ＝無視（シカト）、仲間はずれ、排除（はぶかれ）、バイキン扱い、嫌がらせ、からかい、バカにする、など。③行為によるいじめ＝脅迫、物を隠す、物を盗む、物を踏みつける、物を壊す・破る、落書き、使い走り（パシリ）、など。④暴力によるいじめ＝殴る、蹴る、倒す、リンチ、など。

2　いじめへの対応・対策

このようないじめに子ども、大学生や保護者はどのように対応し、解決しようとしているか。学校や家庭で生かせる貴重なヒントがそこに示されていると思います。アンケートの自由記述は膨大であり、その一言半句が教訓に満ちています。ここでは、それをごく簡単な言葉に要約しました。

【小学生・中学生・高校生・特別支援学校】

総じて、子どもはいじめの解決に前向きで、大学生や保護者にない子どもに実行可能な方法を考えています。高校生ではいじめをなくすことは無理と考える傾向がみられます。

1．いじめが起こった時の対応

①いじめられている子を助けてあげる。②まわりにいじめを受けていることを訴える。③いじめている人に謝る。④いじめをする人に注意する。いじめのつらさをわかってもらう。⑤見て見ぬふりをしない。

2．いじめの予防

①たくさん友だちをつくる。絆を深める。②会話を多くする。③みんなで遊ぶ。④友だちに優しくする。助け合い、互いに思いやる。⑤人の気持ちを考えながら生活する。⑥いじめが起こる環境をつくらない。⑦親がきちんとしつけをする。⑧教育委員会が真剣に考える。

【大学生】

大学一年生は、教育を受ける立場の子ども・高校生の延長である反面、この場合は教職課程履修中でもあり、大人の視点が加わり、教える立場からの意見が増えます。また、一五年の学校教育体験を反映してか、いじめの解決は無理という意見が目立ちます。いじめを予防する視点は、保護者と多くの点で重なります。

1．いじめが起こった時の対応

①まわりが気づき、対応する。②いじめられた子、いじめた子の意見をよく聴く。③みんなで解決につとめる。④いじめられる原因を考える。⑤いじめられないようにする。⑥深入りしない。⑦いじめる子の意識を変える、罰する。

2．いじめの予防

①子どもをよく理解する。②相談しやすい環境をつくる。③他者理解を指導する。④やさしい気持ちをもつ。⑤相手の立場を考え、ちがいを認める。⑥身近な平和を考える。⑦コミュニケーション能力を高める。⑧仲の良いクラスづくりをする。⑨いじめについての授業、講演をする。⑩教師や親の意識を変える。⑪テレビの表現を抑える。⑫外での遊びをすすめる。⑬少人数学級にする。⑭学校の隠蔽体質を変える。

3．いじめをなくすことは無理という考え：一三人

【保護者】

保護者の回答は、いじめの予防に関する意見が多く、そこに関心が集中しています。とくにその解決策として、「社会のあり方を考え、変える」という意見が目立ちます。子ども、大学一年生ではこの観点はほとんどなく、対照的です。

1．いじめが起こった時の対応

①まわりが気づき、対応する。②いじめられた子、いじめた子の意見をよく聴く。③みんなで話し合い解決につとめる。④無理に学校に行かせない。⑤重大ないじめは警察が協力する。

2．いじめの予防

（1）教師や親の心得

①子どもに寄り添い、よく見守る。②相談しやすい環境をつくる。

（2）指導の内容

①いじめを考える授業を行う。②人権や命の尊さを教える。③人の傷みを教える。④やさしい気持ち、思いやりを育てる。⑤相手の立場、ちがいが認められるようになる。⑥「人間とは」の理解を深める。⑦自己肯定感を育てる。⑧自己主張ができ、精神的に強くなる。⑨コミュニケーション能力を高める。⑩助け合える人間関係を育てる。⑪社会のルールを教える。

（３）学校のいじめ予防策（略）

（４）家庭、地域、社会の対応

①家庭のしつけや会話を大切にする。②家庭と学校の連携。③外での遊びをすすめる。④どの子にもあたたかい目を向ける。⑤社会のあり方を考え、変える。

〔例〕

①「学校内の問題のみならず、家庭環境等、複雑にからみ合っている場合もあり、なくすことが難しい状況になっているものと思われます。子どもは学校、家庭だけで育つものではなく、さまざまなものと関わりながら育っていくことから、社会全体が子どもたちに、あなたを見守っているよというメッセージを発信できたらと思います」

②「仲間としてつながり合える子どもの集団。親、教師、地域の絆づくりが必要である。大人社会のいじめがある限り、子どものいじめがなくならないと思う。ゆとりがなく一人ひとりがばらばらにされている現代社会の根源を見抜き、変えていこうとする運動を続けることが大切である」「格差のない社会と学校の先生のユトリ」

③「経済難や社会不安をなくす。親の仕事、家庭の安定で子どもを見とどける環境をよくする。格差社会も一因」

④「子どもの手本となる大人の〝いじめ〟をなくすべき。上下関係、学歴重視など社会の根本を見直し、平等な世の中をつくっていくことが、子どものストレスを減らすことに繋がると思っている。家庭の中の居場所づくり、愛されていると実感できる気持ちを育てていくことも重要であり、両親が余裕をもって子育てができる環境をつくること！　子育て支援を充実させることで子どもと関わる時間がふやせたら良い！」

なお、「学校のことや子どもたちのことで、ふだん思っていること」（設問X）では、保護者の場合、子どもを害《そこな》う社会への批判が目立ちます。

「格差社会の現象が子どもの世界にも波及」「親世代が社会的に追いつめられている」「のびのび育ちにくい。社会の問題が反映されている」「小さいうちからとっくみあいのケンカをして育つような環境が必要」「人がこの社会で生きることに必死すぎて、その歪みが子どもたちの中で出ているし、大人も自分を大切にできていない」「公共マナーを守らない大人が多すぎるし、『～してはいけないよ。もっと考えようね』と言える大人がふえることを望んでいる」「人生は学校だけでないという広い視野があれば、子どもも追いつめられることもなくなる」「社会全体が『他人を認める』という意識がない。（『人より上に立つ』という競争心が強い）」「衣食住全てに満たされていても、心の温かさを知らずに育つのは不幸。心が冷めていると誰かをいじめたくなる」

3．いじめをなくすことは無理という考え：二人

Ⅲ　アンケート結果の考察

アンケートからはいろいろな事実を知り、示唆、教訓を汲み取ることができます。例えば、**子どもの視点**（子ども時代を体験した大学生を含む）からは――

1．いじめの形態や種類は多様である。
2．多くの子どもたちがいじめを体験し、もがき、苦しんでいる。
3．いじめは、行政、学校、教師の認知や想定を超えて大きく広がっている。
4．それは、家庭、学校、社会のさまざまな困難な状況、背景、構造から生じている。
5．その厳しい現状のなかで、子どもたちは、いじめをなくしたいと真剣に思い、気を付けて行動している。
6．その考えは、優しさ、思いやり、助け合い、共感、勇気、誠実など、人間らしい純真な思いに満ちている。
7．学年が上がるとともに、いじめに立ち向かう意欲が弱くなり、自信をなくしていく傾向が見られる。

保護者の視点からは――

1．子どもや孫を見て、いじめについて現実的な情報を得ている。

2．いじめに対する方法も、実際的な多様な考えをもち、即効的解決策を含め、その実施を強く期待している。

3．人権や命の尊重、他者の立場やちがいの理解、コミュニケーション能力、社会のルール、自己肯定感、自己主張など、日常の道徳や生活の指導の充実を求めている。

4．いじめの原因となる学校や教師のありかたに不満、不信、改善要求をもつ者が少なくない（閉鎖性、多忙、クラス人数など）。

5．いじめの原因として、社会の様相との関係が厳しく指摘され、その変革をめざしている。

特に三点に注目しました。

①子どもがいじめを克服する力をしっかりもっていること。

②保護者のいじめ問題への見識が高いこと。

③子どもにも保護者にも人間の本性・本質である共同性――思いやり、助け合い、人への貢献、一人ひとりを人間として大切にしようとする優しい気持ちを豊かにもっているということ、です。

子どもは白紙の状態で産まれてくるのではなく、三八億年の命の歴史―系統発生―を胎内のおよそ九ヵ月の短期間に繰り返して―個体発生―、誕生時にはその後の生存に必要な基礎能力を潜在的にもって生まれてきます。脳の神経細胞やシナプスなどの器官は出生時は成人よりも多く、その後、不要なものが刈り込まれて減少します。子どもは厳しい生存に備え、強い生命力、発達力をもって生まれてくる存在です。

ヒトは人類史七〇〇万年の大部分の期間、少人数の狩猟採集の共同生活――助け合い、思いやり、人のための奉仕、共同の子育てなど、人間独自の心の共通性を形成し、それがどの子、親にも生得的に継承されています。人類史ではごく最近の階級社会、文明社会、資本主義社会などのもとで、人間の本性が抑圧され、歪められていますが、だれの心の底にもそれは生きつづけ流れています。長い人類史でまれであったいじめという現代の奇異な社会現象を克服する内在的力を人間は本来、備えています。

子どもはいじめに苦しみながらも、それを自ら、または仲間と協力して、自主的に解決しようとする知恵と意欲をもっています。子どもへの深い信頼こそいじめ問題克服の基礎であり、その確信を子どもに関する科学的知見からも会得することは有意義です。

また、人間は「教育的動物」といわれ、教育によって人間をつくりだします。ほかの動物のような「本能」で能力を形成するのではない、という大きな特徴があります。親はその教育力を生得的にそなえ、子に無償の愛を注ぎ、全知全能を振りしぼって子どもを育て上げます。いじめに立ち向かう親の強さ、賢さもその力の発現です。子を育てるという最大の困難を、単独ではなく、共同ですすめるのも人間の特徴です。

学校でのいじめの克服に親・保護者の協力は不可欠であり、その高い教育的力量やいじめに関する見識を生かすことが求められます。あらためて親の教育力に注目する必要があります。

教育の原理的考察は本日（二〇一二年一一月二四日）発売の拙著『教育学概論』（学文社）に詳しくのべていますのでご参照ください。

アンケート調査では、子どもや親にいじめについて生の声を直接聞くという最先端の調査技術により、教育と人間の真実に近づくことができました。皆様のご協力の賜です。

アンケート記入に協力した学生たちにその集計資料を読み感想を書いてもらいました。例外なく感想を用紙にびっしり書き、いじめの多さと深刻さに衝撃を受け、そこに提起された多様な解決策を教職課程の学生として良く理解し、今後に生かしたい、教育現場でも直《す》ぐに取り入れてほしいという声が目立ちました。ある学生は、「いじめが起こった時の対応ではたくさんの良い事柄が書いてあったので、これからの学びで良い教材になると感じました」と書いています。

本日のシンポジウムでもこれをさらに深め、ひろく社会におけるいじめの様相を報告し、いじめ問題の教訓や課題を探りたいと思います。引き続きよろしくお願いいたします。

いじめシンポジウムの総括的発言

二〇一二年七月の大津市の「いじめ自殺」報道からはじまり、いじめ問題は、いまや教育問題を超え、大きな社会問題に浮上しています。それは、いじめが教育一般にひろく浸透し、全国的な問題になっているばかりでなく、日本社会全体のいじめ構造化の反映といえます。本日のシンポジウムは、この点を検証するよい機会となり、いじめ問題の解決の視点が開け、共有できたことは大きな収穫です。

「失われた二〇年」といわれますが、それは「構造改革」による格差・貧困の拡大など、人の輝き、人間の尊厳の喪失の二〇年でもありました。シンポジウムでは、学校のいじめや子どもの発達の異常とともに、保育施設の不足や貧困、親の生活・就労の困難、家庭の児童虐待や職場のいじめ・嫌がらせの急増、福祉・介護の現場の虐待など、社会のいじめの様相がリアルに報告されました。それは、人間の尊厳に奉仕すべき「ヒューマン・サービス」労働が、非人間化している状況の告発であり、人が輝く県政への転換を求める訴えでした。

シンポジウムの主たるテーマは、いじめの渦中にある子どもの生の声を聴き、そこから教育活動、学校づくり、教育行政、県政の在り方などを考えることでした。そこには、人間が人間らしく育つべき学校が、非人間的空間に変質している状況が投影されており、表面的な「いじめ対策・予防」にとどまらず、学校の体質や教育行政を根本的に変える必要があります。さらには、いじめのない社会全体の構造転換が課題です。

本日、いじめをシンポジウムに取り上げたのは、県政問題の一例としてであり、教育問題に限らず、福祉、医療、労働、産業、防災、学術・文化などあらゆる分野にわたり、現場・当事者の生の声を大切にし、そこを根拠に生きた政策を立ち上げ、練り上げ、集約して、実施・実現するというボトムアップの県政運営の基本モデルの有効性を検証する機会でした。その意義が確認できたと思います。

全体として、学校や社会のいじめ問題の報告・討論を通して、教育政策や県政の変革の課題がより具体的に明らかにされました。

第二節　文科省のいじめ対策批判

「いじめ対策緊急会議報告」を読む

1　いじめ対策緊急会議報告の概要

一九九五年三月一三日、文部省（現文科省）のいじめ対策緊急会議が「いじめの問題の解決のために当面取るべき方策について」という報告（約一万二〇〇〇字）を文部省に提出した。一九九四年一〇月の愛知県東部中学校いじめ事件（二年生の大河内清輝君がいじめを原因に自殺した事件）をきっかけに設置されたいじめ対策会議の七回にわたる会議のまとめである。すでに九四年一二月九日には「緊急アピール」が提言され、文部省は同月一六日、「いじめの問題について当面緊急に対応すべき点について（通知）」（初中第三七一号）を出したが、今回もこの報告を受け、三月一三日、「いじめの問題の解決のために当面取るべき方策等について（通知）」（初中第三一三号）を都道府県教育委員会等に通達した。三月二八日、養護教諭を保健主事に当てる法的措置もとられた。

内容の概要を報告の構成、見出しの言葉のまま要約すれば以下の通りである。

一、基本的認識

①「弱い者をいじめることは人間として絶対に許されない」との強い認識に立つこと。②いじめられている子どもの立場に立った親身の指導を行うこと。③いじめの問題は、教師の児童生徒観や指導の在り方が問われる問題であること。④関係者がそれぞれの役割を果たし、一体となって真剣に取り組むことが必要であること。⑤いじめは家庭教育の在り方に大きな関わりを有していること。

二、学校における取組

（1）実効性ある指導体制の確立

①学校を挙げた対応。②実践的な校内研修の実施。③養護教諭の積極的な位置付け。④保健主事の役割の重視。⑤関係機関等との連携の強化。

（2）事実関係の究明と、いじめる児童生徒に対する適切な教育的指導

①事実関係の究明。②保護者とのきめ細かな連携。③いじめる側への指導。④児童生徒が自己存在感を持つことができる学級経営。

（3）日々の触れ合いを通じた教育相談的活動の充実

①信頼関係の醸成。②児童生徒や保護者と触れ合う時間の確保。

（4）積極的な生徒指導の展開

①学校教育活動全体を通じた指導。②集団活動や体験学習の推進。③生命尊重の教育。

（5）家庭・地域のより良きパートナーとしての努力

①開かれた学校。②連携のための取組。

三、教育委員会における取組

（1）いじめの問題の解決に向けた各学校の取組への支援

①恒常的支援。②個別事件への支援。

（2）効果的な教員研修の実施

①あらゆる機会を捉えた研修。②きめ細かな研修プログラム。③研修内容・方法の工夫。

（3）相談体制の充実

①相談体制の整備と周知。②相談機関と学校等との連携。③相談機関相互の連携。④相談担当者の資質向上。

（4）関係団体との連携協力による多様な教育活動の充実

（5）家庭の教育力の活性化への支援

四、家庭における取組

（1）家庭教育の重要性の再認識

（２）子どもにとって真の「心の居場所」となる家庭づくり
（３）地域活動への親子での積極的な参加
五、国における取組
（１）教育委員会や学校における指導体制を充実させるための支援
（２）教員研修の効果的実施
（３）教育相談体制の充実
（４）家庭教育関連施策の充実
六、社会における取組

２　いじめ対策緊急会議報告の基本的問題点

東部中学校いじめ事件の衝撃は大きく、文部省もいじめの対策会議を臨時に設置し、対応を迫られる状況であった。報告の内容は網羅的でいろいろな方策がもりこまれている。ここでは、報告を読んでの感想、注文をのべてみたい。

一、視野・視点の狭さ

緊急会議の設置や提言の発表は評価できるが、問題の根が深いのに分析、方策の視点がいかにも軽く狭いという感じを受ける。今回にかぎらずそれは文部省関係協力者会議・審議会の報告・答申の通弊といってよい。原因のひとつは委員の選任範囲の狭さと偏りに帰せられる。同じような考え、立場の委員では、議論の幅が狭く偏り、タブーには触れず、たがいに庇《かば》いあい、いつまでも同じ発想をくりかえす。いじめ問題じたい、異端の排除という狭量な学校文化・教育界の体質（ひいては日本文化）を温床としているのであるから、その解決には、学校の単一性・硬直性やその原因を根底から問い直す知見、とりわけ文部行政への反省・批判が欠かせない。ことここにおよんでそのタブー視は許されないのである。そのためには、さまざまな分野・専門はもとより、見解の異なる者を委員に意識的に選び、議論の幅のある自由な展開を許容、促進することが重要である。個性や価値観の多様性を生命とする教育において、教育政策形成の中心部、審議機関の画一性・排他性はいまや致命的である。

協力者会議や審議会の運営改善に着手してほしい。

二、子どもの権利の視点の欠落

視野の狭さ偏りの一例は子どもの権利、人間的尊厳という基本的視点の欠落である。報告に昨年五月に発効した「子どもの権利条約」への言及がまったくないのは信じられないことだ。いじめ問題は子どもと教師の人権意識、人間の尊厳の自覚の希薄、衰弱の証しであり、その克服には、なによりもその育成が根底でなければならない。とりわけ条約も重視する子どもの意見表明を日常的に尊重し、一人一人の声に耳を傾け、子どもに魅力ある楽しい学校づくりをすすめることが必要不可欠である。この事件を契機に、行政当局も「子どもの権利条約」の総学習を学校、地域に呼びかけ、それを授業の教材として人権教育を推進するなど、学校世直しの狼煙《のろし》をあげるべきであった。しかし、政府・文部省は、批准を五年近くも引きのばし、一五八番目にようやく批准したものの、実施の姿勢はきわめて消極的である。この期に及んでもせっかくの〝宝物〟が無視されている。このような人権軽視の体質こそいじめ発生源であることが銘記されるべきである。

「子どもの権利条約」推進チームを文部省内に設置してもらいたい。

三、強権的・管理的対策の強調

報告は『弱い者をいじめることは人間として絶対に許されない』という強い認識に立つこと」を強調する。当然に、いじめる子どもの「出席停止」「警察等適切な関係機関の協力を求め、厳しい対応を取る」「責任の所在を明確にする」などの方策が前面にでてくる。これらの方策にむかって「校長のリーダーシップ」「教員研修の充実」など、いじめ対策網がはりめぐらされ、学校や教師の子どもへの管理・懲戒は厳しくなり、体罰容認の風潮も助長されよう。しかし、こんな強権的取締の発想では、子どもの不信・不満・ストレスなどを倍加し、問題の教育的解決をこじらせ、いじめの新たな発生源をつくりだすにすぎないだろう。かつて校内暴力続発を力ずくで押さえ込む対策が学校を支配し、いじめや不登校の激増をまねいた手痛い失敗がある。その二の舞いを演じてはならない。

いま、学校の蘇生術は学校における自由の回復である。

四、教育行政・政策の責任の不問

いじめ問題の根源に「戦後五〇年」の教育行政の宿弊があり、それが学校の「いじめの構造」を支えているのではないか。例えば、告示学習指導要領、検定教科書の強制などの教育内容統制、高校学区制・単独選抜試験に代表される受験教育体制のもとで、子どもの個性・人間性が窒息している。過大な学級規模、多忙な教職員の勤務など教育条件の遅れで、一人一人の子どもによりそった教育がはばまれている。報告は最近の文部省関係文書のはやり言葉、「子ども一人一人の豊かな成長」とか「多様な個性」などを並べているが、指導要領を武器とした日の丸・君が代の強制という精神の統制は、それらの文言に反する。教育行政の原理は教育内容に介入せず教育条件を整えることであり（教育基本法第一〇条）、その条理に反すれば教育は必ず荒廃するのである。
いじめ問題は戦後五〇年の文部行政のシンボル的性格をもっており、小手先の処方箋ではなく、戦後教育政策の総診断と大手術を求めたい。

（『ちば——教育と文化』43号、一九九五年夏季号）

第二章　少人数学級の実現

第二章解説

戦前、政府は教育内容・方法を不当・過剰に統制（国定教科書など）する反面、教育条件整備には怠慢、無責任（大部分の期間「七〇人学級」）であった。これに対し、一九四七年の教育基本法は、教育の「不当な支配」を禁じ、教育行政が「教育の目的を遂行するに必要な諸条件の整備確立を目標」とすべきことを定めた（一〇条）。

国際人権A規約（一九六六年国連総会採択）の一三条二項（e）（日本政府は批准）は、「教育職員の物質的条件を不断に改善すること」を定め、ユネスコ「教師の地位に関する勧告」（同年）は、「学級規模は、児童・生徒一人ひとりに注意をはらうことができるようなものとすること」と明記している。

少人数学級は、ゆきとどいた教育のための条件整備の根幹として重視され、教育運動はその履行を政府に求め続けた。例えば、一九八九年から全教・日高教・全国私教連などで組織する「三〇〇〇万署名運動」（その後、教育全国署名）がスタートし、私もその呼びかけ人となったが、それは二三年来、三〇人学級など少人数学級、無償教育などの実現を目標に掲げ、全国津々浦々で署名運動を展開し、少人数学級の気運をつくりだした。

戦後初期から少人数学級の実現は困難を極めた。経済・財政崩壊のなかで一九四七年、六・三・三制が発足し、義務教育年限が六年から九年に延長されたため、戦前の過大学級は「すし詰め学級」として長く続き、学級規模の改善は、児童生徒減少期に合わせて計画的漸進的に実施するという推移をたどる。これに基づき義務教育では、一九六三年度に「五〇人学級」、六八年度に「四五人学級」、九一年度に「四〇人学級」、高校では各六六年度、七三年度、九八年度に達成されたが、それ以来、「行政改革」「構造改革」のもとで学級規模の改善は停滞し、ようやく三〇年後の二〇一一年度、小学校一年生の「三五人学級」が実施された。主要国では二〇～三〇人学級が普通であり、日本はこの点で国際的に大きく立ち後れている。

第一節「少人数学級への第一歩」は、二〇一一年四月から始まる「三五人学級」を評価し、その教育的意義・根拠と背景を論じ、概算要求に盛り込まれた小学校低学年「三〇人学級」に到る八年計画を概説した。

第二節「三〇人学級早期実現の必要とその展望」は、第七次義務教職員定数改善計画（二〇〇一～二〇〇五年度）の基礎となる定数標準法改正時の過大学級と教職員の多忙等の実態を考察し、「三〇人学級」実現の見通しと財源措置のあり方を論じた。

第三節「政党・自治体の少人数学級政策と学級規模アンケート調査」は、国政選挙における政党の少人数学級政策と先進自治体の事例を紹介し、学級規模に関する子ども・父母・教師のアンケート調査を分析した。

第一節　少人数学級への第一歩

なぜ学級規模は小さいほどいいのか――一歩前進の少人数学級をさらに

今年（二〇一一年）の四月から小学校一年生の「三五人学級」が全国で始まります（予算成立が前提）。二〇一〇年度の東京都を最後に、全四七都道府県で「四〇人学級」を下回る少人数学級が部分的に実施されてきましたが、主に独自財源による措置で限界がありました。小学校一年生からとはいえ、少人数学級は国の制度としては一九八〇年度に現行「四〇人学級」がスタートして以来三〇年ぶりです。地域の運動や自治体の取り組みを力にこの流れをさらに強めましょう。

なぜ学級規模は小さいほどいいのでしょうか。その理由は、一学級の人数が少なくなるほど先生が指導する子どもの人数も少なくなり、ゆきとどいた教育が行われるからです。教育の目的は、「教育を受ける権利」の保障（憲法）、「人格の完成」（教育基本法）、「子どもの人格、才能並びに精神的及び身体的な能力をその可能な最大限度まで発達させること」（子どもの権利条約）など、たいへん重要で責任の重い、複雑・困難なしごとです。

実際の学校、学級には、さまざまな能力や家庭環境の子どもが集まり、また、いじめ、校内暴力、不登校、中退、発達障害、学力・学習意欲の低下、教職員の多忙や健康破壊、臨時教員の多用など困難な問題を抱えています。教育の目的を実現するには、一人ひとりの子どもが大切にされ、ていねいな学習指導や生活指導が受けられ、友だちどうし話し合い考え合いながら、楽しく学び成長できるような教育条件の整備が不可欠です。少人数学級はそのいちばんの基礎であり、その保障は国や自治体の重要な責任なのです。

現に保護者の望む学級規模は、三〇人以下が八割にのぼります（二〇人以下一〇％、二一～二五人二一％、二六～三〇人四八％、以上合計七九％。文部科学省資料）。学界の研究では「学級規模の標準は二〇人程度」とされ（日本教育学会のプロジェクト研究）、外国の研究でも少人数学級の有効性が実証されています。主要国では二〇～三〇人学級以下が普通であり、例えば、イギリスでは、三〇人以下の学校は小学校八七・七％、中学校八九・六％です（文科省白書）。

このような教育の条理（常識）、父母・国民や教職員の要求、研究成果などを踏まえ、少人数学級を求める運動は、全国や地域レベルで大きく発展しました（例、教育全国署名〔三〇〇〇万署名〕は一九八九年以来累計約四億筆）。二〇〇九年八月総選挙では各党が少人数学級を公約に掲げ、中教審報告もそれを明記し、二〇一一年度予算案でようやく少人数学級が国レベルで一歩前進したのです。

その概算要求には八年計画が盛り込まれていました。二〇一一～一六年度の六年間に小中学校の学級を「四〇人」から「三五人」に引き下げ、一七～一八年度の二年間に小学校一、二年生のそれを順次「三五人」から「三〇人」にするというものです。八年計画は財務省の予算査定で不当にも見送られ、当面、来年度は小学校一年生の「三五人学級」からとなりました。

現在の学級規模の実態（二〇〇九年度、文科省調査）は、少子化や自治体の努力などで、三五人以下が小学校八一・六％、中学校六〇・三％、三〇人以下でもそれぞれ四五・八％、一八・二％ですから、実際の改善対象の学校・学級は限られ、予算はかなり少なくてすみます。小中学校の学級規模の改善期間を短縮し、それと併行して、私学を含む幼稚園（現行三五人以下）、高校の少人数学級をめざすことは切実な課題です。そのため、自治体独自でも少人数学級の前進を求めるとともに、国にその措置を厳しく迫りましょう。

（「しんぶん赤旗」二〇一一年三月八日付）

第二節　30人学級早期実現の必要とその展望

30人学級早期実現の必要とその展望

私は、今年（二〇〇一年）三月二九日午前、第一五一回国会の参議院文教科学委員会に出席し、学級編制等標準法改正法案に反対の立場から意見陳述を行った。しかし、法案は、当日午後、同委員会で可決され、三一日公布、四月一日施行され、六月二九日、関連通達が出された。

同法は、国の学級編制標準を四〇人に据え置いたまま、都道府県のそれを下回る基準の設定を認め、少人数指導の定数加配や非常勤講師等による「定数くずし」などの規定を新たに設けたにすぎない。また、その予算措置として、児童生徒減にともなう教職員定数の自然減分（五年間で公立学校の義務制二万五七七四人、高校七〇〇八人）を維持するにとどまり、そのために予算が増額されたわけではない。これらにより、義務制第七次・高校第六次教職員定数改善計画（二〇〇一～二〇〇五年度）が確定し、「三〇人学級」は五年間見送られる。この法律のもとで、二〇〇一年度、秋田、新潟、広島、愛媛、鹿児島の五県が小学校低学年などで三〇～三五人程度の学級編制の弾力化を定めたものの、初年度はほとんどの都道府県は原則「四〇人学級」編制である。

しかし、少人数学級実現を求める国民の圧倒的要求を背景に、第一五一回国会では衆参両院で野党（民主党、共産党、社民党など）から「三〇人学級」法案が、政府案に対置して共同提案されるなど、「三〇人学級」への気運は高く、情勢いかんでは計画期間内の早期実現も十分にありうる。あらためて「三〇人学級」早期実現の必要とその展望を考えてみよう。

1　8割の子どもが31人以上の学級に学んでいる実態は放置できない

三一人以上の大規模学級の割合（二〇〇〇年度、公立学校）は、政府統計では小学校四八・五％、中学校八〇・六％にのぼる。その一学級の平均人数を三四人と仮定すれば、そこに学ぶ子どもの人数とその割合は、小学校四四三万人、六一・一％、中学校三一七万人、八五・二％と推計される。高校は一学級四〇人編制であるからほぼ一〇〇％、二九三万人、私立と国立の小中高校も同様でそれぞれ一五三万人、九万人である。国公私立の小中高校の在学者は総計一五六三万人、そのうち一二一五万人（七八・三％）が三一人以上の大規模学級で現に学んでいる計算になる。「四〇人学級」とは、二〇坪、六六平方メートルの教室に四〇人（六畳に六〜七人の割合）を詰め込む超過密空間であり、人間の生理的な縄張りの範囲、パーソナル・スペース、ヒューマン・スケールの限界をはるかに超えている。まさに〝人間収容所〟である。基本教科中心の少人数指導は部分的施策で〝焼け石に水〟にすぎず、この状態を根本的に解決するには、三〇人以上の学級を制度的に禁止し廃止する以外にすべはない。

2　教師は慢性的に多忙であり疲れている

全日本教職員組合（全教）の調査（二〇〇〇年一〇月）によれば、教師が「最近学校を辞めたいと思うこと」は「よく思う」一一・八％、「時々思う」三九・一％、計五〇・九％（小中学校では六五・九％）であり、その理由（一つ選択）は「思うように教育ができない」三九・一％、「忙しすぎる」三一・〇％、「身体がもたない」一九・五％などの順となっている。健康に自信のある教師はまれであり（「非常に健康」二・三％）、体調不良の教師は四割にのぼる（「やや不調」三二・一％、「非常に不良」七・三％、計三九・四％）。

過大・過密学級の解消は、教師の健康、生きがい・働きがいの回復、専門的力量の発揮のためにも緊急の課題である。

3　若い教師の不足、年齢のアンバランスが深刻である

教員採用の長年の抑制や過去の無計画的採用などの結果、首都圏・近畿圏などの都市部を中心に若い教員が払底し、教員の高年齢化が極端にすすんでいる。政府統計によれば、一九九二～一九九八年度のわずか六年間に全国平均で三八歳未満の教員の割合は五二・九％から三七・二％に急減し、二〇代、四〇代の教員の各割合は、東京都五・二％、四二・四％、千葉県五・九％、五〇・四％、大阪府六・二％、五七・〇％のごとくである。教員の年齢幅（約二三～六〇歳）に照らし、本来、二〇代、三〇代、四〇代、五〇代各二五％がバランスのとれた年齢構成である。

現状は極端に不均衡で、子どもや教員がいわば〝若い先生に飢えている〟状態であり、教育活動に多大の障害となっている。これを是正し、若い教員を継続的に採用し、学校の活力を高めるには、「三〇人学級」の早期実現が不可欠である。就職難に便乗して若い教員を非常勤講師として乱用し、使い捨てにすることは、人権侵害であり、教育を歪め、将来の教育の土台を破壊するものである。

4　少子化の今が「30人学級」実現のチャンスである

女性が一生に産む子どもの数を意味する「合計特殊出生率」は、一九四八年に四・三二(出生数二七九万人)、一九七四年に二・一四(同二〇九万人)、二〇〇〇年に一・三五(出生数一一九万人)と推移し、五〇年間に赤ちゃんの数が三分の一近くに減り、二一〇〇年には日本の人口が六七〇〇万人に半減すると推計されている(『厚生白書』平成一〇年版)。この異常な少子化を、せめて教育条件改善のチャンスとして生かす必要がある。少子化の時期には、教職員定数は現状維持または比較的少ない増員で学級規模改善が可能であり、財政負担が少なくてすむ。

教職員定数改善計画の推移をみると、義務教育では、第一次(一九五九~六三年度)の五年間に児童生徒数(以下「生徒数」という)は七・二%減少して「五〇人学級」が実現、第二次(一九六四~六八年度)の五年間に生徒数は一四・九%減少して「四五人学級」が実現、第三次(一九六九~七三年度)、第四次(一九七四~七八年度)の通算一〇年間は、生徒数は一三・五%増加のため改善は見送られ、第五次(一九八〇~九一年度)の一二年間に生徒数は一五・二%減少して「四〇人学級」が実現、第六次(一九九三~九八年度)の六年間は生徒数は一一・六%減少して高校の「四〇人学級」が実現した。

高校では、第一次(一九六二~六六年度)の五年間に生徒数は五二・四%急増したが、義務制の「五〇人学級」の完成に接続して同じく「五〇人学級」が実現、第二次（一九六七～七三年度）の七年間に生徒数は一二・一％減少して「四五人学級」が実現、第三次（一九七四～七八年度）、第四次（一九八〇～九一年度）の通算一八年間は生徒数は二七・六％増加して改善は見送り、第五次（一九九三～九八年度）の六年間に生徒数は一五・〇％減少して「四〇人学級」が実現した。このように、学級規模は、生徒数の減少期に半世紀をかけ、五〇人以上の学級から「四〇人学級」まで段階的に改善されてきた。

今次計画期間（二〇〇一～二〇〇五年度）、公立小中学校の児童生徒総数は前期に続き、一〇八九・五万人から一〇四六・一万人に四・〇％減少し、高校ではその減少率はさらに大きいにもかかわらず、学級規模改善が見送られたのははじめてである。団魂ジュニア世代のベビーブームにより小学校新入生は二〇〇六年度以降は増加に転ずることは必至であり、この五年間を逃すと、学級規模改善は至難になる。

今日の極端な少子化時代に少人数学級が求められる理由は財政的背景ばかりではない。事実上、〃一人っ子〃が多くなり、多人数集団になじめない子が増えている。社会の激しい変化や混迷が学校教育や子どもの発達の困難を増幅している。若い労働力不足、超少子高齢化時代を迎え、子どもの可能性を最大限伸ばすことは社会の死活問題となっている。「知の世紀」といわれる二一世紀には、高い共通教養、個性、創造力など、少人数学級でこそはぐくまれる能力が必要不可欠となる。少人数学級は、少子化時代の学校改革の根幹でなければならない。

5　国の責任で「30人学級」実現の経費を確保すべきである

「三〇人学級」の一斉実施に要する経費は約一・二兆円と試算される。公教育費の対GNP（国民総生産）比は、「行政改革」を背景に、一九八一年度から九八年度の間に五・七七%から四・七六%に一%低下している（文部科学省調査、決算）。九八年度のGNPは五〇四兆円であるから、一%といえばこの一年間だけで五兆円が削減された計算になる。まさに〝政治災害〟である。その水準をいくらか復元すれば一・二兆円は確保できる。また、国際比較では、公教育費の対GDP（国内総生産）は、OECD（経済開発協力機構、発達した資本主義国のグループ）二九ヵ国中、日本はワースト2、OECD平均の七%にとどまる（OECD:Education at a Glance, 2000 Edition）［『教育一覧二〇〇〇年版』五四ページ］。それを欧米水準に多少とも近づければよい。大型公共土木事業や銀行救済などに何十兆円も公的資金を投入し、一年で五〇兆円も借金を重ねる大企業本位の放漫浪費財政にくらべれば、一兆円程度を「三〇人学級」に振り向けることは財政上も無理難題ではなく、要は政策選択の問題である。

国はその経費を責任をもって確保、保障すべきである。自治体にも財源確保の責任があることは当然であるが、国以上に財政難の自治体に地方分権の名で財源を転嫁することは許されない。学級規模改善を自治体裁量に委ねるならば、自治体格差は避けられず、教育の機会均等理念に反する。現に自治体の

「財政力指数」（基準財政需要額に対する基準財政収入額の倍率、一九九七〜九九年度の三年間平均）は、四七都道府県の場合、指数〇・三未満が一一団体、指数〇・三〜〇・五未満が一九団体、指数〇・五〜一・〇未満が一六団体、指数一・〇以上が一団体という分布であり、約三三〇〇を数える市町村では財政格差はもっと拡大している。

子どもたちは私たちの未来であり、教育は社会のあらゆる分野の発展の源泉である。今日、歴代政府の失政により財政は危機的・破局的状況にあるが、それを理由に教育費抑制を続けることは、日本の未来を奪い閉ざすことになる。欧米各国では「教育最優先」のもとに二〇〜三〇人学級のさらなる改善をめざしている。ちなみに、中等学校の一学級当たりの生徒数は、日本（公立）の中学校三二・一人、高校三七・一人（二〇〇〇年）に対し、イギリス二二・〇人（一九九九年）、フランス二五・一人（一九九七年）、ドイツ二四・六人（一九九八年、文部科学省調査）という大差である。

〝最高の公共事業〟ともいうべき教育に財源をシフトする財政構造の根本的転換、少人数学級など公教育の飛躍的拡充、それらによる知的基盤（インフラ）の整備は、地球時代における二一世紀日本の基本戦略とされるべきである。

（『クレスコ』6号、二〇〇一年九月号）

第三節　政党・自治体の少人数学級政策と学級規模アンケート調査

30人以下学級の実現に向けて

はじめに

「三〇人以下学級」（少人数学級）実現は〝二一世紀教育の扉〟です。その機運が熟しています。千葉県議会が一九九九年三月九日、「二五人学級」を県に求める決議を全会一致で可決したのはその端的な動きです。「三〇人以下学級」実現をめぐる最近の情勢や調査研究を紹介します。

1　20人以下学級実現への動き

少人数学級実現の国民的運動は、全国私教連（全国私立学校教職員組合連合）、全教（全日本教職員組合）、日高教（日本高等学校教職員組合）などによる教育条件改善をめざす一〇年来の「三〇〇〇万署名運動」をはじめ、新婦人（新日本婦人の会）の取り組みなど、はやくから全国的に進められてきました。

この要求実現は一九九八年七月の参議院選挙では政治的課題に浮上し、野党はいっせいに三〇人以下学級を公約に掲げました。すなわち、自民党の「四〇人学級」に対し、「二〇人学級でゆとりある教育を」（新社会党）、「最終的に、二〇～二五人学級を順次実現させる」（公明党）、「二五人学級を実現し…画一化された教育からの転換をめざします」（社民党）、「三〇人学級の実現は急務…欧米では三〇人以下学級がほとんど…全力をつくします」（日本共産党）、「ゆとり、思いやりを育む教育の実現に向けて、三〇人学級の実現を目指します」（民主党）、「三〇人学級を計画的に実現」（自由党）のごとくです（各党選挙公約等）。選挙の結果、自民党は惨敗し橋本内閣から小渕内閣に交替しました。なお、自民党の千葉県連は「二五人学級」を都市政策（一九九八年一〇月）に掲げました。

その後、政党レベルでは「三〇人学級法」制定の動きが具体化します。たとえば、日本共産党の法案要綱（九八年一〇月発表）は、九九年度から公立小中の三〇人学級を学年進行で実施し、所要経費を一兆二一〇三億円（自然減により毎年平均六八一億円）見込みました。民主党の法案（九九年三月発表）は、二〇〇一年度から公私立の小中高校の三〇人学級を学年進行で実施し、教職員定数増は一四・三万人、所要経費は初年度一〇七三億円を予定しています。財界でも、財団法人・社会経済生産性本部・社会政策特別委員会の教育改革案（中間報告）「選択・責任・連帯の教育改革」（九八年七月）は、「クラスの規模は、二〇人程度の少人数が望ましい」と述べています。

これらの情勢を反映し、政府のレベルでは、中教審答申（九八年九月二一日）は、少人数学級などの自治体裁量の学級編成を認める方針を提起し、文部省はこれを受け、同年一〇月、教職員定数の協力者会議をおき、学級規模等について九九年秋をめどに結論を出す予定です。

また、九九年三月、国会に上程された「地方分権の推進を図るための関係法律の整備等に関する法律案（仮称）」（地方分権一括法案）は、九八年五月閣議決定の「地方分権推進計画」の中心である「機関委任事務」の廃止（自治事務と法定受託事務に整理）が主な内容であり、計四七一本（教育関係）の法律が改正され、二〇〇〇年四月から実施されます。教育関係では市町村の学級編制における都道府県の許可制を同意制に変更する学級規模等標準法五条改正も含まれています。それは少人数学級実施の合法的根拠となります。ただし、国レベルで「三〇人学級」の財源（補助金や地方交付税）を保障しないと、その実現は一般にはきわめて困難です。

すでに自治体レベルでは実質的に少人数学級を実現させた先進的事例があらわれ、注目されてきました。佐賀県北波多村（九七年度）、長野県南佐久郡小海町（九八年度）がその事例です。地方議会（全国約三三〇〇）の三〇人学級を求める意見書採択状況は、九九年二月一九日現在五五三議会、三月一八日現在七六七議会、六月一八日現在九四六議会と急増しています。千葉県議会は、九九年三月九日、「二五人程度の少人数学級」を全会一致で採択しました。

世界では主要国で二〇～三〇人学級が普通であり、いっそうの縮小が目指されています。たとえば、九八年一月、アメリカ大統領は一般教書演説で小学校低学年の平均「一八人学級」を打ち出し、日本にも衝撃を与えました。

2　学級規模アンケート調査の概要

民主教育研究所・教職員研究委員会は、九九年六月、「学級規模と教職員定数に関する調査」の結果を発表しました。調査は、自由記述中心の予備調査（九七年六月、九県一三校八六五人）を踏まえ、九八年六月実施され、一九県三四校（小八、中七、高一九）、二二三五人（教師五〇三、子ども六七八、父母一〇五四）より回答がありました（回答率六〇・七％）。調査項目数は教師二五、父母二〇、子ども二七、その主な事項は、①現在の学級規模の所感、②学習指導と学級規模、③学習指導とＴＴ、④生活指導と学級規模、⑤学級と学校のイメージ、⑥望ましい学級規模、⑦教室の広さの所感、です。以下にその要点を紹介します。

【学級の意義】

学級規模問題を問う前提として「学級」観の把握を試みました。学級の意義として、「仲間をつくる」

「学力をつける」が高く、そのうち前者が後者を上回っています。「仲間をつくる」には人数はある程度多いほうがよく、「学力をつける」には少人数のほうが効果的です。学級規模観は基本的にはこのバランスのうえに成り立っているとみられます。教師、父母に比べ、子どもではその差が大きくなっています（**次頁表1**）。

【学級規模の現状認識】

現状の学級規模（三五～四〇人）を仕事のなかで実感している教師の場合、九割が過大と判断し、父母、子どもの回答率はそれより低くなっています。父母は学級規模が実感できないし、子どもは、通常〝学級（適正）規模〟という考えになじんでおらず、仲間のいる今の学級を肯定的に捉える傾向があります（**次頁表2**）。

【望ましい学級規模】

望ましい学級規模は、「三〇人以下」が教師、父母とも八割以上と高く、両者の差はほとんどありません。これに対し子どもは「三五人以下」が六割ですが、全体として学級規模の改善を望んでいることはたしかです。「二五人以下学級」の要求が教師や父母では過半数から七割を占めていることも大いに注目されます（**次頁表3・4**）。

表1　「『学級』はどんなところ」の質問の
「そう思う」の割合

	教師	父母	子ども
「仲間をつくる」 （「友達をつくる」）	76.6%	82.0%	73.3%
「学力をつける」 （「勉強をする」）	71.1%	76.4%	51.7%

表2　現在の学級規模について　（%）

教　師	「現在の学級規模についてどう思いますか」＝ 「大きい」＋「やや大きい」	88.7
父　母	「現在の学級規模について満足していますか」＝ 「大きい」＋「やや大きい」	52.0
子ども	「現在のクラスの人数をどう思いますか」＝ 「多すぎる」＋「やや多い」	43.9

表3　「あなたが望む学級規模はどの程度ですか」

		30人以下	25人以下
「学習指導」の面から	教師	84.7%	53.8%
	父母	83.4%	56.6%
「先生と子どもとのコミュニケーション」の面から	教師	91.9%	68.4%
	父母	88.8%	68.7%

表4　「1クラス当たりの人数は何人ぐらいがちょうどいいと思いますか」

	30人以下	35人以下
子ども	32.7%	58.8%

資料出所：表1～4　学級規模と教職員定数に関する調査 1996．6

望ましい学級規模の科目別設問は子どもに限りました。理科（実験）、数学・算数では「三〇人学級」を望む者は六割と高く、総じて「三〇人以下」四～七割、「三五人以下」六～八割でした（**表５**）。

表５　「科目別にクラスの人を変えられるとしたら、それぞれ何人ぐらいのクラスで授業を受けることを望みますか」＝子どもの回答　（単位：％）

	国語	数学	理科（実験）	社会	外国語	技術	家庭	音楽	図工・美術	保健体育
30人以下	41.5	60.3	65.0	44.3	53.8	54.8	50.1	44.3	54.4	43.6
35人以下	59.1	75.2	78.0	60.8	69.7	71.0	64.9	60.4	69.9	59.8

表６　「学習指導上、学級規模を変えることとＴＴはどちらが効果的だと思いますか」

（教師、父母の設問で、子どもには解説的な表現の設問になっています）

	教　師	父　母	子ども
学級規模を変える	90.9%	66.4%	53.3%
ＴＴ	8.3%	28.9%	16.8%

資料出所：表５・６　学級規模と教職員定数に関する調査　1999.6

【ＴＴか少人数学級か】

ＴＴ（ティームティーチング）より少人数学級を支持する者が圧倒的で、その程度は教師、父母、子どもの順になっています。このデータにみる限り、ＴＴは不人気です。（**表６**）。

【学級規模縮小の効果】

学級規模縮小の要求が高いことは、その効果への期待が大きいことを意味します。調査では、この点が如実にあらわれています。

教師・父母の場合、一五項目にわたる学習・生活指導の改善効果の設問について、「とてもある」＋「かなりある」＋「ややある」の合計は、教師約九割、父母約八割にのぼります（**表7・8**）。

表7　学級規模を縮小することの学習指導・生活指導への影響

	教師（%）	父母（%）
子どもの名前を覚えやすくなる	96.7	88.5
子どもの学習到達度を把握しやすくなる	99.6	97.4
子どもの人格や個性を把握しやすくなる	99.1	97.3
学習指導中の子どもの様子を把握しやすくなる	99.8	96.7
子どもの発言回数が多くなる	93.6	84.9
子どもが学習指導に積極的に参加する	92.8	84.8
共同で利用する機材・教材をより活用できる	92.5	94.6
学習指導以外で子どもと会話する機会が増える	97.1	87.2
子どもの気持ちを理解しやすくなる	96.9	89.7
子どもとコミュニケーションが緊密になる	96.1	89.7
学級での人間関係が円滑になる	86.3	83.0
いじめが減る	75.1	62.0
教室が広々として居心地がよくなる	94.1	88.5
学校行事を運営しやすくなる	77.9	69.7
父母とのコミュニケーションがとりやすくなる	91.0	76.1

（教師・父母とも「とてもある」・「かなりある」・「ややある」と回答したものの合計）

資料出所：学級規模と教職員定数に関する調査　1999.6

表8　「もしクラスの人数が少なくなったら、授業はどんなふうになると思いますか」（子ども）

「先生が自分の学習状況をこまかくわかってくれる」
＝「そう思う」50.9％
「話し合いや発言の回数がふえる」＝「そう思う」57.9％
「先生の監視がきびしくなる」＝「そう思う」60.3％
「競争がなくなってだらけてしまう」
＝「そう思わない」60.3％
「競争がはげしくなる」＝「そう思わない」50.1％

表9　「現在使用している教室の広さについてはどのように感じますか」

	せまい	やや せまい	計	（参考）学級規模縮小で「教室が広々として、居心地がよくなる」を肯定する割合
教　師	28.6％	55.0％	83.6％	94.4％
子ども	31.1％	42.7％	73.8％	—
父　母	21.2％	48.5％	69.8％	89.0％

資料出所：表8・9　学級規模と教職員定数に関する調査　1999.6

「監視がきびしくなる」の回答については、子どもの学校管理体制に対する批判意識とともに、今日の状況に照らし、少人数になれば教師の目がいきとどき、学級の〝荒れ〟が改善されることへの期待が込められているかもしれません。

【教室の広さの実感】

教師も父母も子どもも、七〜八割は教室はせまいと感じています。「パーソナル・スペース」の限界を超え、空間的過密が生理的ストレスの要因になっているようです。現状の学級規模がイライラ、ムカムカのかなり大きな原因かもしれないのです。学級規模は教室の密度の問題でもあり、とくに最近の子どものからだの成長がそれに関係しているようです。教育効果の基本的問題として注目する必要があります（**前頁表9**）。

【まとめ】

この調査の結果、教師、父母、子どもの学級規模についての意識が相互関連的・多面的に究明され、学級規模が教育効果や人間形成を大きく規定し、その改善が潜在的には強い要求であることが明らかになりました。調査は学級規模の意識調査としては最新の比較的規模の大きな全国的調査であり、父母、子どもを対象にした点はユニークです。「子どもの意見表明」（子どもの権利条約）、父母の学校参加を尊重すべき時代に即応した調査であり、学級規模、教職員定数の改善や授業・学校改革など、今後の教育条件整備、教育改革のための基礎的資料として参考になるものと思われます。

（『子ども白書』一九九九年版、一九九九年八月）

第四節　千葉県の30人学級実現の運動

アピール　30人以下学級の実現でゆきとどいた教育を

私たちは、子どもたちが学校で一人ひとり大切にされ、楽しく学び、人間らしく育ち、しあわせな子ども時代をすごしてほしいと心から願っています。しかし、いま学校は、学級崩壊、不登校・登校拒否、中途退学、いじめ・自殺・非行・暴力、受験競争、高い教育費など、心痛むたくさんの問題をかかえています。

その根は深く、学校や教育ばかりでなく、社会のさまざまなゆがみからも生じていると思われます。私たちは、新しい世紀を迎えるにあたり、未来を生きる子どもたちの教育を真剣に考え、教育も社会も大きくあらためていく必要を感じています。そのためには、いろいろの課題がありますが、当面、みんなの願いである三〇人以下学級（少人数学級）の実現が基本であり、国や自治体が全力でそれにとりくんでほしいと切望いたします。

少人数学級になれば、子ども、親、先生たちの願う授業や学校の改革に向け、いろいろな夢がふくらみます。

例えば――

一人ひとりが人間として大切にされ、親密で思いやりのある学級になります。

子どもたち一人ひとりが先生によく理解され、ていねいな指導を受けられます。

授業もグループでの話し合いなど、少人数のよさを生かしたものに変わります。

授業がわかり、学ぶことが楽しくなり、ほんとうの学力が身につきます。

子どもどうしや先生たち（教職員）との人間的な触れ合いが深まります。

先生も忙しさから解放され、余裕をもって教育活動ができます。

若い先生がたくさん採用され、学校がいっそう活発になります。

一人ひとりの子どもを社会全体で大切にし、少人数学級のもとでその能力や人間性を十分に育むことは、将来のあらゆる分野の発展の土台づくりともなるでしょう。

日本ではいま、小学校、中学校、高校とも「四〇人学級」（一学級四〇人以下の基準）です。欧米諸国では二〇人～三〇人以下の学級が普通ですから、主な国のなかではとびぬけて大きな学級です。これを三〇人以下にすることは国際的な常識にもかなっています。また、国内では、ほとんどの政党が三〇人以下学級の実現を選挙公約に掲げ（前回の参議院選挙）、千葉県の自民党は「二五人学級」を都市政策に盛り込みました。財界でも経団連は二〇～三〇人学級を唱えています。「三〇人以下学級」の実現はいまや、

〝みんなの願い〟といえるのではないでしょうか。

そのためには多くの費用がかかりますが、少子化のつづく今なら財政負担は少なくてすみます。国は早急に「三〇人以下学級」の計画を立て、それに必要な費用を責任をもって負担すべきものと考えます。

また、政府の地方分権推進計画（一九九八年五月）や中央教育審議会答申（同年九月）も、機関委任事務の廃止や学級編制（成）の自治体裁量（国の基準どおりではなく自治体の判断で決められる制度）の方針を示し、今後、それに沿って法律改正が予定されています。そうなれば、自治体は「三〇人以下学級」を合法的に実施することができます。

私たちは、千葉県や県下の各市町村が、「三〇人以下学級」の計画や基準の作成とその費用の裏付けを国に積極的に働きかけるとともに、自治体独自でも全力をあげてその実現に努力されるよう要望いたします。

また、千葉県に住み働き学ぶ皆さんが、「三〇人以下学級」実現のためにご協力くださいますよう心からお願いいたします。

30人以下学級の実現を求める呼びかけ発起人のお願い

拝啓

寒梅に春の兆しも感じられる昨今です。

貴下にはますますご清栄のこととお慶び申し上げます。

突然の書面にて失礼いたします。私は千葉大学教育学部で教育行政学を専攻する三輪定宣と申します。私は専門の立場から、最近の三〇人以下学級の実現の機運に注目し、千葉県でもその実施に向けて世論づくりをすすめる一助とするため、ひろく県民各界各層の皆様にその賛同を呼びかける世話役を引き受けることにいたしました。

つきましては、貴下にはその呼びかけの発起人をご承諾いただきたくお願いするしだいです。発起人には各界の権威、代表の皆様にお願いいたしました。呼びかける文（案）は別紙の通りです。ご検討のうえ、恐縮ですが、一月末日までに、同封の返信用はがきにて、三輪宛てご返事をいただければ幸甚に存じます。時節柄、ご自愛のうえ、ますますのご活躍をお祈り申し上げます。

敬具

一九九九年一月二〇日　千葉大学教授　三輪　定宣

千葉県教育委員会教育長中村好成氏あての質問書

貴職におかれましては、日頃より千葉県教育の充実のためにご尽力のことと存じ、敬意を表する次第です。

さて、私どもは「三〇人以下学級実現をめざす県民アピールを広げる会」と申します。今、学校はかつてない困難を抱え、「いじめ」「不登校」「学級崩壊」など、心痛む事態に子どもたちも教職員も苦しんでいます。千葉県でも、「いじめ」の発生件数が全国最悪という数字を記録するなど、大変深刻な状況に直面しています。このような困難な状況を目のあたりにして、必要かつ最低限の教育条件整備を求めて、本年二月、県内各界の有志一三名が連名で「三〇人以下学級実現でゆきとどいた教育を」と題したアピールを発表しました。アピール全文は別添資料の通りです。

このアピールに対し、県内各界各層からただちに大きな反響が寄せられ、三月末日には学者、文化人、ＰＴＡ関係者など一八〇余名が共同の呼びかけ人として名前を連ね、賛同者一〇〇名余を数えるにいたりました。その後も呼びかけ人・賛同者は続々と広がりをみせ、一〇月一五日には三〇〇〇人を突破し、県庁内で記者会見を行ったところです。

この広がりは、三〇人以下学級（少人数学級）実現に対する県民の期待の高まりを如実に反映したものといえます。この間、情勢も劇的な進展を見せました。県議会においては「少人数学級実現に関する決議（三月九日）」「少人数学級実現を求める意見書（一〇月一三日）」が相次いで採択され、県内八〇の自治体のうち実に通算五五市町村の議会で「三〇人学級」や「少人数学級」実現を求める意見書が採択されるなど、いまやこの声は圧倒的世論となっています。知事も九月定例県議会において、できるだけ早く実施したい旨の答弁を行いました。一〇月二五日現在、全国では三二〇〇余りの自治体の四割をこえる議会が意見書を採択し、その世論の要求にこたえ、独自に実質的な少人数学級編制に踏み切る自治体が、全国各地で相次いでいます。浦安市は、来年度より二五人程度の少人数教育を独自に実施すると表明しました。

これらの動向をみるならば、千葉県教育委員会におきましても、三〇人以下学級（少人数学級）実現に向けて、ただちに計画を策定し、実施に踏み切る時期に来ていると思われます。

つきましては、「県民アピールを広げる会」を代表して、以下の点についてお尋ねしたいと存じます。三〇〇〇人を越える賛同者の願いに対して、千葉県教育委員会としてはどのようにお答えになるのか、ぜひ文書にてご回答いただければ幸いです。

大変不躾なお願いではなはだ恐縮ですが、よろしくご検討のほどお願いいたします。

記

1、三〇人以下学級（少人数学級）実施のために、千葉県教育委員会としては、どのような検討を行っていますか。経費算定の見積りと根拠も含めてお答えください。

2、三〇人以下学級（少人数学級）実施のための具体的計画を作成していますか。①作成しているとすれば、どのような計画ですか。②作成していないとすれば、その理由はなんですか。

3、教職員の年齢構成のアンバランスが指摘され、学校に若い教職員が少ないことが問題とされています。これを改善するために、どのような計画を立てていますか。

少人数学級の実現を求める決議（千葉県議会）

日本の教育は、教育の機会均等、教育水準の向上が図られたが、一方で、子どもをとりまく環境の変化により、知識偏重、受験競争の過熱化といじめや不登校問題の深刻化、さらには、いわゆる学級崩壊など極めて憂慮すべき状況である。

中央教育審議会では、昨年九月、「今後の地方教育行政のあり方について」の答申の中で、特色ある学校づくりのため、学校などの状況に応じて、地方自治体の判断で弾力的な学級編成ができることを提言した。

子どもたちは、「先進県千葉の二一世紀」を担って行く原動力であり、昨年一一月には、自由民主党千葉県支部連合会の「都市政策」提言の中でも、学級編成を見直し、段階的に二五人程度の少人数学級の実現をめざしていくことが提案されている。

公立学校の学級編成は、一学級四〇人を標準に都道府県の教育委員会が定めることとされているが、現在の四〇人学級編成では、先生一人あたりの負担が大きく、毎日、一人一人の子どもと接し、きめこまやかな指導、ゆとりある教育、個性を伸ばす教育を推進していくためには、支障が生じることも考えられる。

学級編成のあり方については、子どもたちが必要とする、個々のニーズにあった、個別の配慮が受けられる教育環境整備のため、一学級二五人程度の少人数学級の実現をめざしていくことを真剣に検討する時期にきている。

よって、県においては、二五人程度の少人数学級実現に向けて、具体的な取り組みを進めるべきである。

平成一一年三月九日　千葉県議会

第三章　無償教育と奨学金の前進

第三章解説

教育条件のもうひとつの根幹は、教育を受ける権利の実現と不可分の無償教育と奨学制度であり、それは内外の教育の歴史のなかで追究され、一九六六年の国際人権A規約一三条に「教育への権利」の実現に不可欠な人類普遍的権利として確立した。同条の定めるあらゆる段階の無償教育の導入の規定は、長い人類史のなかで継続した無償教育の復元であり、階級社会のもとで有償教育へと変質した文明史的歪みの軌道修正を意味し、人類社会の未来への羅針盤といえよう。

日本政府は、一三条の中等・高等教育の漸進的無償化の条項を留保し、高学費政策を推進し、教育費の私費負担は〝世界一の高学費〟へと膨張した。国連・社会権委員会は政府に、二〇〇一年八月、その留保撤回の検討を勧告し、ようやくその一一年後、二〇一二年九月一一日、閣議決定により撤回された。その時点で、同規約締結国一六〇ヵ国中、同項を留保していたのは日本とマダガスカルの二ヵ国だけであった。

無償教育・給付制奨学金は、すべての人が人間的に発達し、生存に不可欠な生来的権利である「教育を受ける権利」（教育への権利）を保障するために、「教育の機会均等」を実現し、国民を教育の経済的負担から解放するばかりではない。同時にそれは、すべての人にかけがえのない教育を、個人の自己責任・

自己負担ではなく、公費により社会全体で支えることにより、学びの成果、自己の能力を個人の私的利益にとどまらず社会の公的利益のために役立てようとする学習の動機、人格形成・完成を促す真に教育的な教育条件となりうる。無償教育・奨学金は、公教育を私益追求から公益拡大の社会的基盤に転換させ、あらゆる分野の発展の原動力となる。

第一節「国際人権A規約一三条の留保撤回の意義と課題」は、中等・高等教育の漸進的無償化を規定した国際人権A規約一三条二項（b）（c）を政府が留保撤回した意義、それを求め続けた教育運動の背景をのべ、今後の課題を提起した。

第二節「給付制奨学金の導入の動向」は、二〇一二年概算要求に盛られた高校・大学の給付制奨学金の内容とその国際比較である。

第三節「教育を受ける権利と無償教育の条理と思想」は、教育を受ける権利と無償教育の条理と歴史の説明であり、とくに両者の一体的規定の思想的系譜を古代ギリシャまでさかのぼり、日本史と世界史の流れに即して論述した。

第四節「無償教育の新たな前進と教育保障制度の構想」は、二〇〇九年八月の総選挙における選挙公約の教育無償化と奨学金の政策、過大な教育費負担の現状と問題を検討し、無償教育の実現のプログラム——その全般的導入と経済的困難者の優先的適用（教育保障制度）——について論じた。

第一節　国際人権A規約13条の留保撤回の意義と課題

半世紀ぶりの悲願実現――国際人権A規約13条（中等・高等教育の無償化）留保撤回

中等教育・高等教育の「無償教育の漸進的導入」を定めた国際人権社会権規約（A規約）一三条二項（b）（c）の留保撤回が、二〇一二年九月一一日に閣議決定され、直後に国連本部に通告・受理され、条約としての効力が発効しました。関係国会議員にも報告されました。同規約の国連総会採択（一九六六年、一九七六年発効）以来四六年、およそ半世紀ぶりの実現です。

日本政府は一九七九年、同規約を締結しましたが、一三条のこの部分は日本に私学が多いなどの理由から留保してきました。本年八月現在、締約国は一六〇ヵ国、それを留保する国は日本とマダガスカルの二ヵ国だけでした。国連の社会権委員会は、二〇〇一年八月、日本政府に対し、五年間の猶予を付け、二〇〇六年六月までにこの部分の留保撤回の検討を勧告しましたが、政府はようやく一一年ぶりにこれに応えたのです。遅きに失したとはいえ、日本の教育史上、画期的なことです。

その背景には、その留保撤回、無償教育の実現を求める国民の要求と運動の広がりがありました。例えば、私の関係する団体では、「国民のための奨学金制度の拡充をめざし、無償教育をすすめる会」（「奨学金の会」、二〇〇七年結成、会長・三輪）の取り組みです。この会は、全国労働組合総連合（全労連）、全日本学生自治会総連合（全学連）、全日本教職員組合（全教）、日本高等学校教職員組合（日高教）、全国私立学校教職員組合連合（全国私教連）、特殊法人等労働組合連絡協議会（特殊法人労連）、全国大学院生協議会（全院協）、首都圏大学非常勤講師組合、学生支援機構労働組合など広範な団体や賛同個人で構成されています。「国際人権A規約一三条の会」（二〇〇五年結成、共同代表・三輪ほか）の活動も世論に影響を与えました。教育全国署名運動は、二〇年以上、全国各地で展開し、その留保撤回を求め続け、二億筆を超える成果は「高校無償化」（二〇一〇年度）などの実現の力となりました。ほとんどの政党は、この国民的要求を反映し、最近の選挙ではその留保撤回を政策に掲げ、日本共産党はしばしば国会でもこの問題を取り上げ、議論をリードしてきました。

中等・高等教育無償化条項は条約として発効し、「誠実に遵守」（憲法九八条）すべき憲法上の義務規定となったのです。

しかし、日本の教育財政の水準は主要国最低です。ＯＥＣＤの統計によれば、二〇〇九年、ＧＤＰに占める教育機関に対する公的支出の割合は全教育段階でＯＥＣＤ平均五・四％、日本三・六％、比較できる三一ヵ国で最低です。高等教育では各一・一％、〇・五％、日本はその平均の半分以下に過ぎません。反面、授業料などの私費負担は最高ランク、〝世界一の高学費〟です。政府は、教育予算の飛躍的増額、高校・大学の授業料無償化、学校納付金の軽減、給付制奨学金の導入など、中等教育・高等教育の「無償教育の漸進的導入」の総合的計画を早急に作成し、予算に具体化することが必要です。国民の側にもその実現を迫る運動が求められます。

（「しんぶん赤旗」二〇一一年一〇月三日付）

第二節　給付制奨学金の導入の動向

希望の光、給付型奨学金が実現しそうです

希望の光、給付型奨学金が二〇一二年度予算で実現しそうです。そうなれば、一九四四年の公的奨学金発足いらい約七〇年の歴史で初めてで、東日本大震災の被災者にはとりわけ朗報です。現行の公的奨学金（学生支援機構学資貸与）には給付制がなく、被災者救済に無力でした。少なくとも災害給付奨学金が緊要でしたが、それが一般学生にも実施されます。

文部科学省は、二〇一二年度概算要求・要望に高校生と大学等の学生対象の「給付型奨学金」を盛り込みました。内容は、高校生に教科書代相当の年一万八三〇〇円を、世帯年収二五〇万円以下の約四一・

五万人に、大学、短大、高専、専門学校（専修学校）の学生に月額五万円、大学院生には八万円を、世帯年収三〇〇万円以下で「高校の成績が五段階評価で四・三」以上の二・一万人にそれぞれ給付します。ただし、これは「日本再生重点化措置」（総額七〇〇〇億円）という概算要求の別枠に無利子奨学金とセットで要望されていますので、削減、見送りのおそれがあります。奨学金を「金融事業」化する圧力もあります。

諸外国では奨学金といえばローン（loan、貸与、借金）ではなく、スカラシップ（scholarship、給付奨学金）が基本で、ＯＥＣＤの統計（二〇〇八年）では、加盟三一ヵ国で奨学金に占めるその割合は平均約六割（五八・五％）、一〇〇％給付型の国が一一ヵ国にのぼりますが、日本の公的奨学金はすべて貸与、しかも有利子が七割という異常さです。教育機関に対する公財政支出の対ＧＤＰ比（教育予算の割合）は、ＯＥＣＤ平均五・〇％に対し日本は三・三％、加盟国の最低で、そのしわ寄せが、不十分な奨学金や〝世界一の高学費〟などをまねいています。国際人権Ａ規約一三条は、中等・高等教育の「無償教育の漸進的導入」と「適当な奨学金制度の設立」を定めていますが、日本政府はこれも無視し、世界のなかで独善的な教育政策を続けてきました。

法律には、「教育を受ける権利」（憲法二六条）を平等に保障するため、「教育の機会均等」（教育基本法四条）原則として、国・地方公共団体に経済的理由による修学困難者に「奨学の措置」を義務づけていますが、それも空文化しています。

「奨学金の会」は、一貫して給付奨学金の導入を要求してきましたが、ほかの教育団体等も二〇一〇年度の高校無償化につづく重点要求として、その実現を求めています。概算要求・要望の給付型奨学金の計上は、このような運動や世論を反映したものと評価できます。その後退を許さず、それぞれの立場で運動を強めましょう。

（『子どものしあわせ』二〇一一年一月号）

第三節　教育を受ける権利と無償教育の条理と思想

教育を受ける権利と無償教育の条理と理想

昨年（二〇〇九年）八月の政権交代を契機に、公立高校の授業料の無償化をはじめ、大学・高等教育を含むすべての段階の無償化が前進する気運が高まっている。その底流にある教育を受ける権利と無償教育の条理と思想について考えてみよう。

1　現代の人類普遍的権利——教育を受ける権利と無償教育

国際人権A規約一三条は、第一項で「教育についてのすべての者の権利」を定め、その「教育が人格の完成及び人格の尊厳についての意識の十分な発達を指向」し、人権・基本的自由の尊重を強化し、社会参加、諸国民・諸集団の理解・寛容・友好、平和などをめざすべきことを明記し、第二項は、この「権利の完全な実現」のため、初等教育（（a））はもとより、中等・高等教育の「無償教育の漸進的導入」（Progressive introduction of free education、（b）（c））と「適当な奨学金制度を設立し及び教育職員の物質的条件を不断に改善すること」（（e））等を規定している（傍線は引用者）。

この規約の締約国は、二〇一〇年一月現在、一六〇ヵ国を数えるが、一三条二項（b）（c）を留保している国は、日本とマダガスカルのみである（ルワンダは二〇〇八年一二月批准）。二〇〇一年八月、社会権規約委員会は「総括所見」で日本政府に五年間の猶与を与え、二〇〇六年六月までに留保撤回の検討を勧告し、二〇〇九年一二月一二日、ようやく第三回政府報告をまとめたが、そこには留保撤回の回答はなかった。ただし、政権党の民主党、社民党、国民新党、野党では日本共産党が同項の留保解除をめざしており、近々その批准は確実であろう。

このほか、子どもの権利条約（一九八九年）、有給教育休暇条約（一九七四年、三二ヵ国批准、日本未批准）、ユネスコ・学習権宣言（一九八五年）などの国際条約・宣言は、学校教育のほか職業教育、生涯学習を含むあらゆる教育の無償制を指向している。

国連は設立間もない一九四八年、世界人権宣言を採択し、二六条に「教育を受ける権利」を定めた。その意義をフランスの世界的な発達心理学者、国際教育局長（戦前の国際教育機関、戦後、ユネスコに合流）のＪ・ピアジェが詳細に解説している（「現代の世界における教育を受ける権利」全五五頁、ユネスコ『精神の諸権利』、人権叢書一巻）。例えば、この権利は、「理性の形成」「論理の諸操作」（形式的操作）の完成まで、それにふさわしい「学校環境に置かれる権利」であり、子ども「精神的機能の全面的発達」「個人のなかにかくされていて、社会が掘りおこさなければならない可能性の重要な部分を失わせたり、他の可能性を窒息させたりしないで、それらの可能性を何一つ破壊もせず、だいなしにしないという義務をひきうけることである」等々。国連は、世界人権宣言制定の直後からその条約化をめざし、約二〇年の曲折を経て、一九六六年、国際人権Ａ規約を採択した。

２　教育を受ける権利と無償教育の条理

この「教育を受ける権利」の古典的解釈は、その後の学問や実践の発展を踏まえて現代の時点でさらに深める必要があり、その場合、「二一世紀の科学」といわれる「脳科学」の成果が示唆的であろう。OECDは、二一世紀の教育政策の基調である貴族主義・能力主義から民主主義への転換をめざして脳研究による教育学の科学としての確立を提起し、その研究活動の成果を公表している（OECD教育研究革新センター刊行物）。国内では文科省『脳科学と教育』研究に関する検討会」が、二〇〇三年、その推進方策を提言し、学界・出版界では、東京大学出版会・シリーズ脳科学（全六巻、二〇〇八年一一月）ほか研究成果の発表や啓蒙書の発行が相次ぎ、教育・教育学との関係の論考も増加している。

人間は「教育的動物」といわれ、教育を受けなければ人間に発達できない。他の動物の能力が、遺伝子に刻まれたプログラムにしたがい、からだの成熟とともに発現するのと本質的に異なる。なぜ、ヒトは本能ではなく教育により能力を発達させ人間になるのか。脳科学によれば、人間の発達可能性の生理的根拠は、脳の可塑性、特に神経細胞（ニューロン）の特殊な構造に求められる。それは、一度生まれると体細胞のように死滅と再生を繰り返さず、学習や経験を刺激として一本の軸索と無数のヒゲ状の樹状突起を伸ばして他の神経細胞とシナプスを介して無限の情報ネットワークを形成し、軸索の髄鞘化（絶縁化）がすすみ、生涯を通して発達し続け、頭の中に広大な内的宇宙をつくりあげる。

人間は、大脳新皮質、特にその前頭連合野の発達が著しく（ネコ二％、サル一二％、ヒト二八％）、人間独特の高度の知的道徳的能力の中枢となっている。子どもや大人の発達可能性は無限であり、それゆえ、子どもの権利条約も教育の目的を、「子どもの人格、才能並びに精神的及び身体的な能力をその可能な最大限度まで発達させること」（二九条）と明記している。教育・学習・経験・環境などの外部刺激により大脳がつくりだす一人ひとりのかけがえのない広大無限の内的世界こそは「個人の尊厳」（教育基本法）、「人間の尊厳」（子どもの権利条約）の証拠でもある。

それゆえに、教育を受けることは、すべての人間の発達にとって不可欠な基本的ニーズであり、金のあるなし、経済的条件によって左右されてはならない。サルからはじまる人類史約一〇〇〇万年の九九・九％は共同体における打算や営利を超えた無償教育の歴史であり、それが人類の進化を促し、人間をつくりあげてきたといえよう。金の切れ目が縁の切れ目となる教育システムは、人類史の異常な事態であり、人類劣化の証といってよい。「教育的動物」である人間にとって、人類の最高の文化遺産を伝え、その可能性を最大限に発達させるため、成人までの系統的教育とその後の生涯学習は不可欠な基本的権利である。

「教育を受ける権利」は、すべての者が平等に享受すべき個人のかけがえのない権利であり、「受益者負担」「自己責任」主義に基本的になじまず、公費により社会的に保障されるべきである。また、次世代の教育の成果は、社会の各分野の利益や発展、困難な人類的課題の解決などのために生かされるのであり、そのような公益は公費負担こそふさわしい。かけがえのない教育の権利が公的に保障される社会環境で育つ若い世代は、教育を私利私欲や出世の手段ではなく、人々の幸せや利益のために、学習・学歴の成果を生かし、社会に還元するような学びや人格形成が期待される。無償教育は人格のコア、無償行為能力の育成や利潤本位社会の克服につながるであろう。

一九九八年のユネスコ「二一世紀に向けての高等教育世界宣言——展望と行動」は、人権・民主主義・平和・持続的発展など累積する人類的難題の解決のため、それを担う民主的市民の育成を教育に期待し、個人と社会にとって教育は最優先事項とし、「二一世紀は教育により決定される」とのべている。教育は人類の未来を創り拓く事業であり、その費用を現世代が惜しみなく投入すべきことは社会の当然の責務、叡智《えいち》である、と考えられる。

3　教育を受ける権利と無償制の思想

このような教育の条理を反映し、「教育を受ける権利」と無償制の一体的認識は、一八世紀末のフランス革命期に提起され、労働権と不可分の人間の全面発達の権利として発展し、戦後、日本国憲法や世界人権宣言、国際人権規約に人類普遍的人権として集約された。

日本でも戦前から、「教育を受ける権利」「学習権」と「二〇歳」「大学」までの「公費教育」が一体的に主張され（一九〇一年の社会民主党宣言、一九一九年の啓明会など）、その思想が日本共産党の主張を介して日本国憲法（一九四六年公布）に継承された。マッカーサー草案には「教育を受ける権利」の語句はなく、当時の史料はその規定の動機を「左翼対策」としている。同二六条は、世界史上、先駆的に「教育を受ける権利」と「無償」制を定め、一九四七年教育基本法は、それを具体化し、「教育の機会均等」原則を定めた（三条）。その思想の系譜をあげてみよう。

①フランス革命期＝憲法案（一七九一年）：「すべての市民に共通で、不可欠な教育の部分について、無償の公教育が組織される」、国民教育法案（一七九三年）：「教育を受ける権利」「すべての子どもは共和国の費用で育てられる」

②フランス二月革命期＝マルクスとエンゲルス共著『共産党宣言』（一八四八年二月、Manifest der Kommunistischen Partei）：「すべての子どもにたいする無償の公教育」、「共同体では、ひとりひとりの自由な発達が、すべての人びとの自由な発達の条件である」。憲法草案（一八四八年六月）：「教育を受ける権利は、すべての市民が、国家による無償教育をつうじて、各自の肉体的・精神的・知的能力を全面的に発達させるための権利である」。「労働権の本質的保障は…無償教育である」

③日本教員組合啓明会（一九一九年）「教育改造の四綱領」：「二　教育の機会均等」＝「教育を受ける権

利――学習権―は人間権利の一部なり、従って教育は個人義務にあらずして社会義務なりとの精神に基づき、教育の機会均等を徹底せしむべし。小学より大学に至るまでの公費教育――（1）無月謝。（2）学用品の公給。（3）最低生活費の保障――の実現を期す」

無償教育の思想の源流は古代ギリシャに遡ることができる。紀元前五世紀頃に繁栄のピークを迎えた古代ギリシャ時代は、近代ヨーロッパの思想的文化的ルーツであり、とりわけトマス・モア、ルソー、マルクスなどをはじめとする知識人にとって、それは知的な憧れ、復活（ルネッサンス）すべき理想郷であった。

その時代、例えば、ポリス国家の中心のアテネの知識人の間では、自由人・市民（他に非市民である多数の奴隷が存在した）の教養が重視され、教育の本質は人格的接触であり、それは報酬、対価になじまないと考えられ、教育で報酬を稼ぐソフィスト（詭弁家）を批判し、私塾も無償とし、ときに納められる費用も対価ではなく謝礼とみなされた。

プラトン『国家』（BC三七五年頃）は、「知を求める人」は「金銭を愛し求める人ではない」とのべ、ソフィストを「賃銭をもらって個人的に教える連中」と批判する一方、師のソクラテスと同じく無償の学園アカデメアでの教育に力を注いだ。それは弟子のアリストテレスにも引き継がれている。

イギリスの法官・思想家トマス・モアは『ユートピア』（一五一五年）で、プラトン『国家論』を踏まえて英国社会を批判し、「精神の自由な活動と教養」が「人生の幸福」の最高のもので、その機会がすべての人に平等に保障され、一日六時間の労働以外は教養にあてられ、すべての国民が知識人として民主的平和的国家を支える理想社会を描き、後に空想的社会主義の先駆者と評された。

アメリカ独立革命、フランス革命の思想的先駆者ルソーの『エミール——教育のために』（一七六二年）は、プラトン『国家論』を教育論として絶賛し、教師の「第一の資格…それは金で買えない人間であることだ。金のためにということではできない職業、金のためにやるのではそれにふさわしい人間ではなくなるような高尚な職業がある。…教師がそうだ…教師！　ああ、なんという崇高な人だろう」とのべている。

ルソーから大きな影響を受け、古代ギリシャへの憧れからその哲学を学位（博士）論文にまとめたマルクスは、当時の社会が、貨幣を倫理解体の「ビタ（鐚）銭」（粗悪な銭）と告発していたことを『資本論』でのべている。それ以前から共同体の贈与体制・文化が根付いており、その分裂の危険をはらむ貨幣への警戒感が高まっていた。

マルクスとエンゲルスの無償教育論は、初期の著作からたどることができる。マルクスは、ルソー的共同体論をそのコミューン論の模範として「類的存在」による真の人間的解放を唱え（「ユダヤ人問題によせて」）、「ミル評伝」（一八四四年）では、「人間の本質は、人間が真に共同的存在である」とのべ、過渡的な階級社会後の永久的な共同社会を展望した。一八四五年、エンゲルスは、エルバーフェルトの演説でつぎのようにのべている。「この（共産主義の）理論をどのように実現したらよいか…その第一は、例外なくすべての子どもにたいして国家の費用で普通教育をほどこすことである。この教育は、すべての子どもにたいして平等であって、各個人が社会の自主的な成員として行動する能力をもつまでつづけられる。この方策は、資産をもたないわれわれの同胞にたいする公正な行為にほかならない。…すべての人間が自分の能力を完全に発達させる権利をもっている。…他方では、社会の平和的改造に必要な平静さと分別も、やはり教養のある労働者階級にしか期待できない」。この思想が、『共産党宣言』やフランス二月革命の憲法草案に結実している。

マルクスは、『資本論』（一八六七年）で資本主義社会の内的矛盾、技術の革新競争に伴い、労働のあらゆる場面に可動的に対応できる全面的に発達した人間が必要とされる必然性を論証し、教育と労働の結合を教育の実践原則、未来の方向として提起した。そこでは産業革命を転機に「絶対的剰余価値」から「相対的剰余価値」の生産に移行し、質の高い労働力が社会的に要求される必然性が解明されている。

一九世紀前半、アメリカ「公教育の父」、ホーレス・マン（マサチューセッツ州教育長、下院議員、古典学教授）は、当時の資本主義の発達を背景に、教育無償の論拠として教育を受ける権利とともに経済的効用を説いた。

日本でも、一九〇四（明治三七）年、『共産党宣言』は、堺利彦・幸徳秋水訳で『平民新聞』五三号に掲載され、戦前から無償教育の主張が脈々と続いた。遡れば、イギリスの歴史学者ドアー『江戸時代の教育』（一九六五年）によれば、江戸時代、「学問は単に商品として扱うには余りにも尊ばれ」、主に武士が師匠となった手習所（寺子屋）の費用は「感謝のしるし」であった。外国向けに英文で執筆された新渡戸稲造（国際連盟事務次長）『武士道』（一九〇〇年）によれば、「武士道は、無償、無報酬の実践のみを信じる」、教師の仕事も「報酬は金銀で支払われるものではない…価値がはかれないほど尊いものであるからだ」という。

国際人権A規約一三条は、このような教育の条理と世界史の思想的潮流を集約したものであり、今後の人類の教育の羅針盤となろう。無償教育の思想は、教育費無償化という教育条件整備、財政的経済的拡充の実現にとどまらず、それと表裏一体で新しい人間像・人間形成を育み、それを通じて社会の在り方を変え、未来社会を創造していく可能性を秘めている。教育が私的負担や営利から解放され、人々の労働の成果である公費により社会連帯的に保障される制度のもとで、人間の人格の発達はどのような影響を受けるであろうか。無償教育の条理を具体化した教育制度改革や教育実践の探究が重要な課題となる。

（『高校のひろば』75号、二〇一〇年春号）

第四節　無償教育の新たな前進と教育保障制度の構想

無償教育の新たな前進と教育保障制度の構想

新政権の目玉、「子ども手当」「高校実質無償化」を皮切りに、無償教育は新たな段階を迎えている。その前進の動向、教育費の実態を踏まえ、教育を受ける権利の財政的保障の根幹、すべての段階の「無償教育の漸進的導入」（国際人権規約）の課題を考える。

1　2009年総選挙と教育費政策の〝地殻変動〟

（1）政党マニフェストの教育費政策

二〇〇九年八月の総選挙は、劇的な政権交代をもたらした（衆議院の議席の変化は、民主党一一五→三〇八、自民党三〇〇→一一九、公明党三一→二一、共産党九→九、社民党七→七、みんなの党四→五、国民新党四→三、その他、計四八〇）。注目すべきは、子どもの養育費や教育費が争点になり、マニフェストに六党が教育費

「無償化」と奨学金拡充（うち四党が「給付型〈制〉」奨学金）を盛り込むなど、無償教育の推進が超党派的課題に浮上したことである。教育費政策の〝地殻変動〟といってよい。各党マニフェストの教育費政策はつぎのとおりである。

自民党：「今後三年間で三〜五歳児の幼児教育を無償化」「就学援助制度や新たな給付型奨学金を創設」

公明党：「小学校就学前三年間の幼稚園・保育所の幼児教育の無償化、児童手当を中学校三年まで対象拡大、支給額も倍増を目指す。修学継続が困難な高校生の授業料を減免、給付型奨学金制度の導入などで教育費の負担軽減」

民主党：「年額三一万二〇〇〇円の『子ども手当』を創設します」（月額二万六〇〇〇円、平成二二年度は半額）、「公立高校を実質無償化し、私立高校生の学費負担を軽減します」（私立高校は年額一二万円〈低所得世帯は二四万円〉）、「大学などの学生に、希望者全員が受けられる奨学金制度を創設します」

日本共産党：「保育料、幼稚園授業料の負担軽減」「児童手当…現行の二倍の一万円」「教育費の負担を軽減し、経済的理由で学業をあきらめる若者をなくす」、（「ひとしく教育を受ける権利」憲法二六条、教育基本法四条を踏まえ、「高校授業料の無償化をすすめる」（「公立高校の授業料を無償化…私立も…無償化をめざして負担を軽減」）、「給付制奨学金の創設など奨学金制度の改革で支援を強める」、「大学の『世界一の高学費』を軽減する」（国際人権規約批准）

社民党：「一八歳までの子ども一人あたり月一万円（第三子以降は二万円）を支給する『子ども手当』をつく

ります」「教育予算を他の先進国並みの対ＧＤＰ比五％水準に引き上げます」「就学援助の充実・強化、高校入学金・授業料の無償化、私学助成の充実により、家庭条件による教育の格差をなくします。奨学金は給付型を増やします」

国民新党：『仕送り減税』を創設し、自宅外通学者を抱える家庭を支援します」「教育の機会均等のため、高校教育の無償化と奨学金の充実を図ります」

民主党の子ども手当・教育費政策は、二〇一〇年度予算案に盛り込まれた。

(2) 国際人権Ａ規約一三条（すべての段階の無償教育の漸進的導入）と教育予算に対する各党の態度

国際人権Ａ規約（社会権規約）一三条は、教育への権利の実現のためすべての段階の無償教育の導入を、現代社会における人類普遍的権利として規定している。その第一項は、「教育についてのすべての者の権利」を定め、その「教育が人格の完成及び人格の尊厳についての意識の十分な発達を指向」し、人権・基本的自由の尊重を強化し、社会参加、諸国民・諸集団の理解・寛容・友好、平和などをめざすべきことを明記し、第二項は、この「権利の完全な実現」のため、初等教育の無償制（(ａ)）はもとより、中等・高等教育の「無償教育の漸進的導入」(progressive introduction of free education、(b)(c))と「適当な奨学金制度を設立し及び教育職員の物質的条件を不断に改善すること」((e))等を規定している。

この規約の締約国は、二〇一〇年一月一八日現在、一六〇ヵ国を数えるが、一三条二項(b)(c)を留保している国は、日本とマダガスカルのみである(ルワンダは二〇〇八年一二月批准)。二〇〇一年八月、社会権規約委員会は「総括所見」で日本政府に五年間の猶与を与え、二〇〇六年六月までに留保撤回の検討を勧告したが、八月総選挙の時点で未回答であった。

「奨学金の会」(学生支援労組、特殊労連、全学連、全院協、全教、日高教、全国私教連、全労連等が加盟し、二〇〇七年一二月結成。会長・三輪)は、八月三日、各党に教育費政策に関する公開質問状を送り、自民党、公明党を除く四党から回答を得た。そのうち一三条関係の内容は、以下の通りであり、政権与党三党と日本共産党がその留保撤回の方針であった。

民主党:「すべての人が、生まれた環境に関わりなく、意欲と能力に応じて大学などの高等教育を受けられるようにします。現在、日本とマダガスカルのみが留保している国際人権A規約(締結国一六〇ヵ国)の一三条における『高等教育無償化条項』の留保を撤回し、漸進的に高等教育の無償化を進めます」

社民党:「すでにA規約一三条を『留保』している国は、日本とマダガスカルの二国のみとなっている。早期に『留保』を撤回し、無償化をめざす姿勢を明確化すべきだ」

国民新党：「国際人権A規約（b）（c）を『保留』している国が日本とマダガスカルという事実は、日本の教育行政にとって、極めて不名誉なことです。国民新党は高等教育の無償化を『選挙公約』に掲げて、その実現を目指します」

日本共産党：「『漸進的無償化条項』は、人びとの教育を受ける権利を保障するための、世界のルールです。条約加盟国で当該条項を留保しているのは、日本とマダガスカルのみです。とくに、世界第二位の経済大国である日本が留保していることは、理不尽きわまることです」

二〇〇九年一二月一二日、外務省は、前掲社会権規約委員会の勧告に対し第三回政府報告をまとめたが、同年四月時点までの検討内容という制約のため、従来の回答と同じ基調である。しかし、前述の通り新政権下での方針転換は確実であり、通常国会以降、批准手続きが進行するであろう。一一月一八日、衆議院文科委員会で川端文相は、宮本岳志議員（日本共産党）の質問に「留保撤回に向けた施策について検討を進めたい」と答弁している。

また、「奨学金の会」の前掲質問状の教育予算項目に対し、民主党、社民党、日本共産党はOECD平均並みをめざすとし（国民新党も増額を掲げる）、例えば、民主党は、「教育への公財政支出（GDP比三・四％）を、先進国の平均水準以上を目標（五・〇％）として引き上げていきます」と回答している。その差、一・六％は八兆円（二〇〇六年度GDP五一二兆円）に相当し、その額は新政策を除く高校・大学等の完全無償化経費三・〇兆円をはじめ、少人数学級、教職員定数改善など先進国並み教育条件整備を可能とする。一〇〇〇兆円に迫る国と地方の債務残高のもとで、その確保は容易でないが、その目標の計画的達成は今後の超党派的重要課題である。

2　深刻な教育費家計負担の実態

教育費家計負担の実態は**表**の通りである。在学者一人当たり年額は、憲法で「無償」とされる義務教育でも小学校三三万円、中学校四七万円にのぼる。三歳から二一歳までの合計では、国公立学校コース（大学は国立）一一七〇万円、私立学校コース二八二七万円、これに平均二四一七万円の養育費（食料費、衣服費、医療費など、総務省調査）を加え各三六八七万円、五二四四万円になる。家計消費支出（三五四四万円）比では、例えば、公立高校の教育費は約三割、四ヵ月分、私立大学のそれは約六割、七ヵ月分に相当するなど、教育費は家計を圧迫し、低所得家庭では就学・進学難、教育の機会均等が脅かされ、国民生活は〝教育費地獄〟の様相を呈している。高い教育費負担が少子化の主因となり、経済の長期停滞、日本社会全体の衰退をまねいている。ちなみに、日本のＧＤＰの世界全体に占める割合は一九九四～二〇〇八年に一八～八％、その一人当たりの額は二位から一九位に低下している。

表　家計負担教育費（2006年度、1人年額、単位：万円）

	公立（大学は国立）			私立		
	総額	学校教育費	（授業料）	総額	学校教育費	（授業料）
幼稚園	25.1	14.7	（7.4）	53.8	39.3	（24.3）
小学校	33.4	10.8	（—）	137.3	81.0	（39.6）
中学校	47.1	17.0	（—）	126.9	96.4	（41.1）
高　校	52.1	34.4	（11.2）	104.5	78.5	（32.4）
大　学	150.0	65.4	（53.6）	201.7	115.4	（83.6）

（参考）家計消費支出：2006年の2人以上の世帯の平均家計消費支出353.9万円（1ヵ月平均29.5万円、総務省・家計調査）。

（注）学校教育費には学校給食費を含むが高校、大学では含まない。

（資料）幼稚園、小学校、中学校、高校は、文部科学省『平均18年度・子どもの学習費調査』、大学は日本学生支援機構『平成18年度学生生活調査結果』、文科省統計より作成。

家計負担教育費の内訳（前掲統計）

○「学習費」（幼稚園～高校）＝「学校教育費」＋「学校給食費」＋「学校外活動費」

「学校教育費」とは、授業料、修学旅行・遠足・見学費、学級・生徒会費、ＰＴＡ会費、その他の学校納付金、寄付金、教科書費・教科書以外の図書費、学用品・実験実習材料費、教科外活動費、通学費、制服、通学用品費、その他、である。高校では、学校給食費は統計で除外されている。

「学校外活動費」とは、補助学習費（家庭内学習費〔物品費、図書費〕、家庭教師費等、学習塾費、その他）、その他の学校外活動費（体験活動・地域活動）、芸術文化活動（月謝等、その他）、スポーツ・レクリエーション活動（月謝等、その他）、教養・その他（月謝等、図書費、その他）

○「学生生活費」（大学）＝学費＋生活費

「学費」（「授業料、その他の学校納付金」＋「修学費、課外活動費、通学費」）

「生活費」（「食費、住居費・光熱費」＋「保健衛生費、娯楽・し好品、その他の日常費」）

これに対し、「子ども手当」（年額三一・二万円）は、中学生以下に対象が制限され、教育費以外の養育費を含む一括支給であり、諸費用や貯蓄にまわるなど、教育費の確保、軽減の効果は限定的である。「高校実質無償化」分（年額一二万円、私学の低所得家庭二四万円）は、家計負担教育費全体の公立一三％、私立一一％（同二二％）にとどまり膨大な家計負担は未解決である。新政策はようやく教育費問題解決の第一歩を踏み出したにすぎない。

3　新段階の教育費政策の課題――すべての段階の無償教育の漸進的導入

（1）無償教育の全般的拡大

四〇余年前の一九六六年、国際人権規約に凝集したすべての段階の無償教育の権利の実現は、国際的合意であるとともに、高学費・高負担教育費による日本社会の疲弊・衰退に歯止めをかけ、将来の発展の基礎を再構築する起死回生策、サバイバル戦略でもある。

憲法は「教育を受ける権利」と「（義務）教育の無償」を一体的に規定している（二六条）。「義務教育」（社会の義務としての教育）は、一九四七年施行当時の小中学校にとどまらず、当然に将来の延長を予想しており、就学率・進学率が八割程度に達した時点で各段階の教育を事実上の義務教育、準義務教育と解し、無償教育が導入されるべきである。ちなみに、二〇〇六年、それは幼稚園・保育所三～五歳児八八・九％、高校九七・七％、高等教育七五・九％であり、無償教育の新段階を迎え、高校から高等教育、幼児教育、生涯学習へその本格的導入拡大が課題とされてよい。憲法の規定は人権規約のそれと矛盾しない。

「教育を受ける権利」は、経済的地位にかかわらず、すべての者が平等に享受すべき個人のかけがえのない基本的権利であり、「受益者負担」「自己責任」主義などになじまず、公費による社会的保障がふさわしい。また、次世代の教育の成果は、社会の各分野の利益や発展、困難な人類的課題の解決などに役立つのであり、そのような公益は公費負担が適当である。かけがえのない教育の権利が公的に保障される社会環境で育つ若い世代は、教育を私利私欲や出世の手段ではなく、人々や社会の幸せや利益のために、学習・学歴の成果を生かし、社会に還元するような学びや人格形成が期待される。無償教育こそ「教育を受ける権利」に適合した教育条件といえよう。無償教育によって受ける高所得者の「優遇」は、別途、租税措置・所得再配分等により調整されるべきである。

無償化の範囲は、狭義の学費・教育費にとどまらず、通学費、交通費、居住費（家賃補助、学生寮、公共住宅など）、教養・文化・スポーツ費用（図書館の充実、公民館・博物館・劇場・スポーツ施設等の割引・無料化）、仕送り費用（補助）、教育機関の地域均等的配置による費用軽減など、就（修）学関係費全体を視野に入れる必要がある。当面、次のような施策が課題となる。

①未成年期：子ども（家族）手当の拡大。②就学前：保育料、家庭負担保育費の軽減・無償化。③義務教育：家計負担の学校教育費の軽減・無償化（教材費、給食費、修学旅行費など）。④高校：授業料・学校納付金の軽減・無償化、それと連動する私学助成の大幅増加（当面、二分の一〔私学助成法〕の達成）。⑤大学・高等教育：国立大学の授業料の標準の引き下げとその予算措置（運営交付金の増額）、私学助成の増額（当面、二分の一の達成）など。⑥家庭教育費の軽減：住居費、通学・交通費、施設利用料等の軽減・無償化、自治体・地域における青少年の学校外教育の充実（部活動の公的社会教育としての組織、文化・スポーツ施設の整備）、競争教育制度の改革（学力テスト競争、学校格差・偏差値体制の解消）、公立学校の充実と学習塾・予備校などの〝塾のいらない教育〟の実現、教育の営利化・商品化・産業化からの解放、⑦生涯学習：有給教育休暇の実施など。

（2）無償教育の経済的困難者に対する優先的適用――「教育保障制度」の構想

教育基本法は「教育に機会均等」（四条）の根幹として、無償教育の経済的困難者に対する優先的適用を定め、「経済的地位によって、教育上差別されない」（一項）、「国及び地方公共団体は、経済的理由によ

図　「教育保障制度」:「教育保障費」＝「教育保障基準」－「家庭負担額」

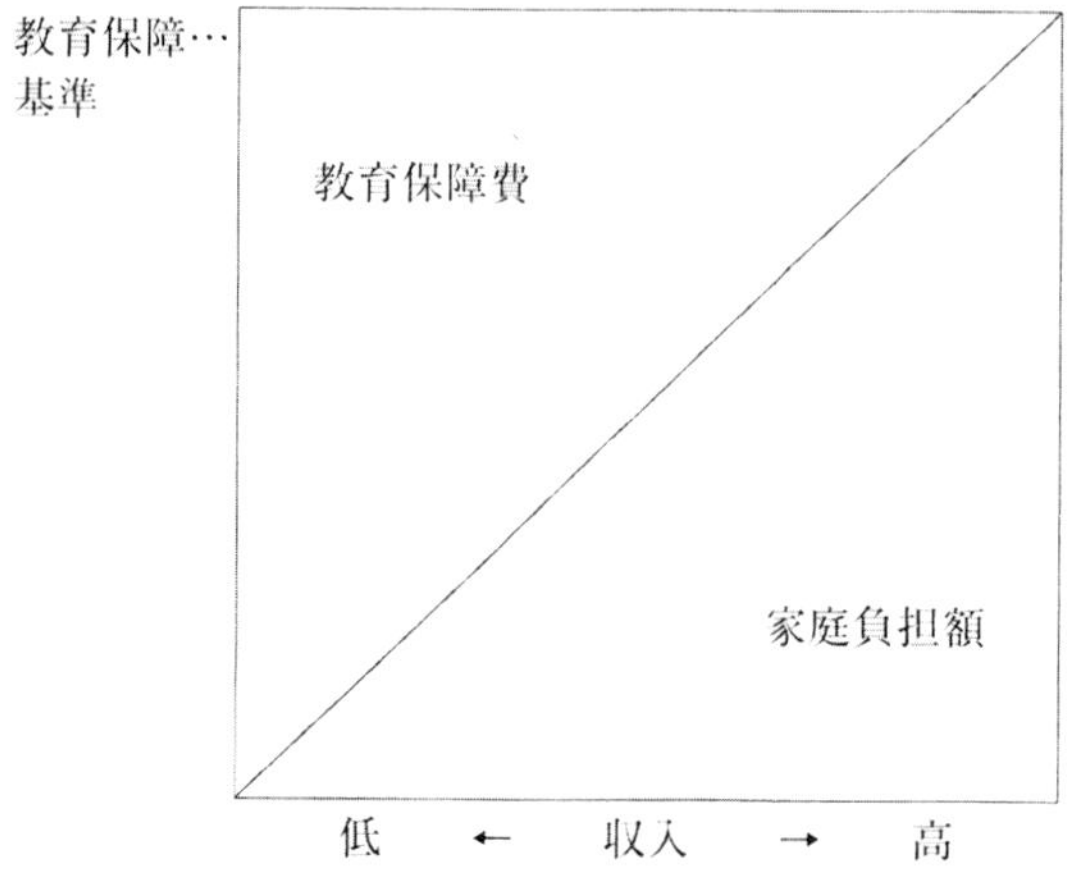

って修学が困難な者に対して、奨学の方法を講じなければならない」（二項）と規定している。「奨学の方法」とは、修学奨励の総合的方策を意味し、給与制（給付制、給費制）を根幹とする奨学金制度のほか、居住、食事、交通などの生活費、施設利用の便宜などの支援も含まれる。

「教育を受ける権利」は生涯にわたる国民の基本的権利であり、それぞれの発達段階には標準的な教育費用が必要である。それを制度的に保障するには、「社会保障」「生活保護基準」「基準財政需要額」などに準じ、〇歳から成人を含む人間の生涯の発達段階に応じた「教育保障基準」を設定し、それを経済的地位にかかわらずすべての国民に保障する「教育保障制度」（**図**）が有効な構想となろう。欧米の奨学金制度は、この形態が一般的である。将来は「教育保障法」（仮称）などの立法措置が望まれる。

「教育保障基準」

「教育保障基準」は、家庭の所得にかかわらず「教育を受ける権利」が保障される標準教育費・学費、補助基準である。それは、教育の理念・理論や実際の教育費調査等を参考に、学校段階ごとに設置者・通学形態・地域などの区分別に理論的に設定される。実際の教育費は、前掲調査統計によれば、一人当たり全国平均（年額）は、幼稚園の公立二五万円、私立五四万円、小学校の公立三三万円、中学校の公立四七万円、高校の公立五二万円、私立一〇五万円、大学の国立一五〇万円、私立二〇二万円である。そこには、標準的な「娯楽・し好品」や教養費、旅行費用なども算入し、低水準教育費を一律に強制するものではない。

「社会保障」一般では、「子ども手当」のように使途が教育費に限定されず、低所得家庭ほど他の費用に使われ、その確保が困難であるなど、「教育保障」を「社会保障」に包括することは適切ではない。「教育を受ける権利」は生存権を基礎とするが、それとは相対的に独立した制度によって保障されるべきである。

「家庭負担額」と「教育保障費」

「教育保障基準」をすべての国民に平等に保障するには、「教育の機会均等」原則に基づき、経済的に修学困難な者に優先的に適用する必要がある。このため、「教育保障基準」の所定額を家庭の所得区分に応じて負担する「家庭負担額」（例えば五段階区分）を設定し、「教育保障基準」から「家庭負担額」を差し引いた額を「教育保障費」（就〈修〉学援助費・奨学金）として支給し、低所得者ほど支給額を手厚く支給する。この場合、原則、経済的困難度を優先し、成績基準を適用せず、給与制とし返還を求めない。将来、無償教育の進行とともに「家庭負担額」を廃止し、高等教育では学生生活費を全員に支給する。

現在、以下のような低所得者対象の多様な教育費補助制度が存在するが、それらは多くの問題があり、「教育保障制度」の観点から総合的に改善・改革をはかる必要がある。

①教育分野＝幼稚園保育料減免（就園奨励費）、小中学校の就学援助、特別支援学校の就学奨励、高校・大学等の授業料減免・軽減補助、学資貸与（奨学金）。高校では小中学校の就学援助制度の適用が現実的である。②福祉分野＝保育料減免、教育扶助、生業扶助（高等学校等就学費）、児童養育加算、児童手当、児童扶養手当、生活福祉資金・母子寡婦福祉貸付金（修学資金）。③労働分野＝教育訓練給付。④金融分野＝教育ローン。

（『季刊・人間と教育』65号、二〇一〇年春号）

第四章　教育基本法改定と教育条理を生かす教育実践

第四章解説

一九四七年の教育基本法の制定には、次のような背景があった。それは、第二次世界大戦で侵略行為を犯した日本政府の民主的再生を求める国際世論の高揚・包囲、日本国民の軍国主義への痛恨の反省、戦後初期教育改革に関する米国教育使節団の勧告、日本国憲法の精神の教育への具体化、などである。しかし、戦後初期を除き、長く政権与党を担った自由民主党は、一貫して教育基本法の改正を企て、それに基づく教育制度の形骸化をすすめた（教育委員会の公選制から任命制への転換、単線型六・三・三制の複線化、学習指導要領の法的拘束力の強化、教科書統制、教育条件整備の軽視など）。

世紀の転換期の二〇〇〇年四月、教育基本法改正論議が、日本は「神の国」と唱える森喜朗首相の主導する教育改革国民会議で突如、浮上した。その後、中央教育審議会（中教審）答申（二〇〇三年三月）の教育基本法改正提起等を経て、二〇〇五年の衆議院選挙（総選挙）の自民党圧勝（小泉純一郎政権下）を背景に、それを引き継ぐ第一次安倍晋三政権のもとで、二〇〇六年一二月、与党の強行採決により、同法改正法案が成立し、それに合わせて一連の教育関連法が改正された（「二〇〇六年教育基本法体制」）。それを境に自民党は、二〇〇七年七月の参議院選挙、二〇〇九年八月の総選挙で惨敗を重ねたが、二〇一二年一二月の総選挙で圧勝し、再度登場の第二次安倍政権は、早速、改正教育基本法の徹底、戦後教育の総決算、憲法改正などの方針を掲げ、〝靖国派〟を文科大臣に据え、その具体化を始めた。ただし、その「圧勝」も戦後最低の投票率（五九・三％）のもとで、有権者比一六％で衆議院議席の六一％を独占するという小選挙区制度のマジックによるものであり、選挙結果と国民の政治意識との間に大きな乖離があり、「戦後レジームからの脱却」（戦後政治・教育の総決算）は正当化できる状況ではない。

第一節「一九四七年教育基本法の意義とその『改正』論批判」は、一九四七年教育基本法の歴史的・現代的意義とその改正を提起した中教審答申（二〇〇三年三月）の批判、教育関連学会のその動向への対応の概説である。

第三節「教育基本法第一〇条と戦争と平和」は、教育基本法を提起する中教審答申（二〇〇三年三月）の背景――軍事体制の再構築の動向をのべ、平和に関する憲法と教育基本法の一体的規定、とくに同法第一〇条の重要性に注目した。

第四節「教育条理（一九四七年教育基本法など）を生かす教育実践」は、教育基本法改正、関連法の相次ぐ改正により、「二〇〇六年教育基本法体制」が形成されたが、改正法には一九四七年法の教育条理の約七割が継承されており、それを生かす教育実践の重要性について論じた。

資料「（一九四七年）教育基本法」

第一節　１９４７年教育基本法の意義と「改正」論批判

中教審答申の教育基本法「改正」論を批判する――教育関連学会の共同のとりくみを踏まえて

教育基本法「改正」問題は、約三年の論議を経て、三月の中教審答申をステップに「改正」法案の今国会提出という重大な段階を迎えている。法案が可決されれば、答申が明記するように、それと一体的に学校教育法など現行教育法全体の「改正」と「教育振興基本計画」の策定が行われ、五六年続いた戦後の教育基本法体制は事実上、総決算される。

この戦後教育の最大の危機に対し、教育基本法「改正」動向を批判し、それに反対する運動が国民各層に高まっており、教育学関連諸学会は、共同の公開シンポジウム開催や会長有志の要望書提出など、教育史上、前例のない学会共同のとりくみをすすめている。本稿では、これに参加している者のひとりとして、その経過と概要を紹介し、それを踏まえて、教育基本法の歴史的・現代的意義をのべ、中教審答申の教育基本法「改正」論を批判する。

1　教育基本法の「改正」動向

教育基本法は、前文と一一条（教育の目的、教育の方針、教育の機会均等、義務教育、男女共学、学校教育、社会教育、政治教育、宗教教育、教育行政、補則）からなる〝教育の憲法〟ともいうべき準憲法的法律であり、一九四七年三月三一日、戦後初期の民主的教育改革の原理として憲法と一体的に制定された。以来、五六年間、一度も改正されることなく日本の教育制度の根幹として存続し、今日にいたっている。

三月二〇日には、中央教育審議会答申「新しい時代にふさわしい教育基本法と教育振興基本計画の在り方について」が発表され、そこには「新たに規定する理念」や原則・事項が具体的に示され、「政府においては……教育基本法の改正に取り組むことを期待する」とのべられ、これをうけ「改正」法案が、近く国会に提出されようとしている。

この問題の発端は、教育改革国民会議（当時の小渕恵三首相の私的諮問機関。第一回、二〇〇〇年三月二七日）の第二回会議（四月一四日）における森喜朗首相（当時）の「教育基本法の見直し」発言である。同年一二月二二日のその最終報告「教育を変える一七の提案」は、「新しい時代にふさわしい教育基本法」の「三つの観点」として、「日本人の育成」「伝統・文化の継承」「教育振興基本計画」策定をあげ、政府が「教育基本法の見直しに取り組むことが必要」との方針を明確に打ち出した。

これを受け、文部科学大臣は、二〇〇一年一一月二六日、中教番に「教育振興基本計画」と「新しい時代にふさわしい教育基本法の在り方」の二つの事項を諮問し、基本問題部会を中心に審議をすすめ、一年後の二〇〇二年二月一四日の中間報告を経て今次答申の発表にいたっている。それは、「新しい時代にふさわしい教育基本法」などの言葉で粉飾されているが、骨格が「たくましい日本人」の育成など、「三つの観点」であることに変わりはない。

その動向に対する教育学関連学会の取り組みの経過と概要はつぎの通りである。

（中略）

2　教育基本法の歴史的・現代的意義と中教審答申の教育基本法「改正」論批判

（1）教育基本法の歴史的・現代的意義

「要望」ものべているように、教育基本法は、第二次世界大戦と日本の敗戦による日本史上、人類史上、未曾有の惨害への痛恨の反省と、ファシズム国家日本の民主的再生を求める当時の国際社会の世論を背景に制定されたものであり、同法が、憲法と一体的に戦後教育制度の根幹をなし、日本の教育と社会の平和的民主的発展の礎の役割を果たしてきたことは否定できない事実である。

戦前の教育は、教育勅語体制のもとで天皇や国家のための自己犠牲・滅私奉公を教え、個人の尊厳の意識を破壊し、国民を侵略戦争の手段に仕立て上げた。教育基本法は、この過ちの反省のうえに制定され、国家のための教育ではなく、「個人の尊厳を重んじ、真理と平和を希求する人間の育成」(前文)が最優先の教育原理として明記された。

当時、教育基本法案を審議する衆議院で、政府委員が、日本の最大の欠点は「個人の覚醒がなかったこと……この点が国を誤らしめた」とのべているのは、立法者意思の率直な表明であった。また、同法のベースになったアメリカ教育使節団報告書（一九四六年三月）は、大戦の惨害を反省し、恒久の世界平和を志向した国連憲章・ユネスコ憲章の根本理念――「人間の尊厳」の思想を日本の教育改革の基本原理に据えることを勧告した。それは、「教育制度は、個人の価値と尊厳を認めることが基になる……これらはすべて国連憲章並びにユネスコ憲章の草案に記された基本的原理と一致する」とのべている。

「個人の尊厳」の原理のうえに、「人格の完成をめざし、平和的な国家及び社会の形成者」を育成するなどの教育の目的（一条）が定められ、国は教育理念・内容に介入せず、教育の条件整備、機会均等の実現に専念すべきであるという教育行政原則が規定された（一〇条）。教育基本法の真髄である。

同法のもとで、一人ひとりが人間として大切にされ、人間の尊さや平和的な国家・社会の形成者としての自覚が育まれ、人間らしい十分な発達がめざされるとともに、そのための国の責任と任務の限界が確定したのである。

簡潔な法律ではあるが、教育基本法は、日本史上はもとより、人類史的な重みをもったいわば〝世界遺産〟ともいうべき大戦の教訓の結晶であり、二一世紀の新しい時代にその真価がますます発揮され、人類社会の指導理念となりうる内実をもっている。

事実、教育基本法の定める「個人の尊厳」「人格の完成」などの教育原理・目的は、その後、今日にいたるまでの国際宣言・条約にも反映し、人類普遍的な教育理念として確立している。教育基本法をこれからの教育に生かすことは、その発展に有効、必要不可欠であるとともに、日本国民の歴史的責任・国際的貢献でもあり、政治的思惑により、時代や社会の変化などを口実に、安易に改正されてはならない。

その制定後、すでに半世紀以上を経過し、時代も社会も変化しており、それに対応するための立法・行政措置も随時、必要ではあるが、それは教育基本法の精神を踏まえた新法令の制定等で十分である。日本の文化や伝統を正しく次世代に伝える教育は必要であるが、それは「個性豊かな文化の創造をめざす教育を普及徹底」するという教育基本法前文の規定に根拠が明示されている。

今日の教育の危機は、教育基本法が原因ではなく、むしろ〝占領下の押し付け〟などの理由でそれを敵視し、それに違反し、その空洞化をすすめてきた政府の責任によるところが大きい。特に、世界の先進国の中でも最悪の「四〇人学級」、高学費、奨学金、教育予算の対ＧＤＰ比など政府の教育条件整備義務の怠慢に起因している。この姿勢の根本的反省ではなく、その追認、正当化のための教育基本法「改正」が、教育の危機を加速、拡大させることは不可避と考えられる。

（２）中教審答申の教育基本法「改正」論批判

中教審答申にも教育基本法の評価をめぐって矛盾が顕在化している。答申は、「教育基本法の下に構築された学校教育制度をはじめとする教育諸制度は、国民の教育水準を大いに向上させ、我が国社会の発展の原動力となった」（第一章の冒頭）とか、「現行の教育基本法を貫く『個人の尊厳』『人格の完成』『平和的な国家及び社会の形成者』などの理念は、憲法の精神に則った普遍的なものとして今後も大切にしていく」（第二章の冒頭）などと随所で同法を積極的に評価している。

しかし、他方で答申は、社会が危機に直面しており、諸制度の抜本的改革の一環として教育も「大胆な見直し」が必要であるとか、教育は「危機的な状況」にあるので、それを打破し、「新しい時代にふさわしい教育を実現する」など、教育基本法「改正」の理由をのべているが、「我が国社会の発展の原動力」と評価する教育基本法を見直す理由としては根拠薄弱で説得力がない。結局、木に竹を接いだように論理は飛躍し、「二一世紀を切り拓く心豊かでたくましい日本人の育成を目指す観点から、……教育基本法を改正する」と強引、唐突に結論づけられる。中教審の審議自体が一部の特定の勢力や官僚の「不当な支配」に服していることの証拠である。

「たくましい日本人」がそのキーワードであり、「教育基本法の……改正の視点」では、「グローバル化」や「大競争の時代」のもとでの「個性に応じ……能力を最大限に伸ばす」教育、「公共」の意識、「伝統・文化の……尊重」「国を愛する心」や「日本人」の育成などの視点が明示される。「たくましい」とは、経済の世界的大競争に勝ち抜く能力であり、やがて軍事・侵略・戦争能力がその表現にふさわしく強調されかねない。ここでの「日本人」とは、日本独特とされる伝統・文化、とくに天皇制中心のそれを偏重し優越感を持ち、そのような「国を愛する」国民が想定され、その極端な例が、戦前の「忠君愛国」的日本人像である。

さらに、この「たくましい日本人」育成を徹底するため、国の教育統制の全面的強化がめざされる。答申は、教育行政が行う『必要な諸条件の整備』には、教育内容等も含まれる」とのべ、「教育振興基本計画」は「日本人の育成」など「これからの教育の目標」の推進体制として、細かい教育内容・方法事項を含めて策定される。その基礎単位である学校では教師の管理統制が格段に強化され、答申は、「教員に対する評価の実施と、それに応じた適切な処遇の実施や、不適切な教員に対する厳格な対応」、「養成・

採用・研修や免許制度の改善」等による「教員の資質の向上」を「教育上の最重要課題」と強調している。家庭教育の国家介入がめざされ、答申は「家庭の果たすべき役割や責任について新たに規定する」とのべている。これは、学校・教師、家庭・社会を丸ごと支配した戦前の天皇制教育体制を彷彿させる。「たくましい日本人」とか「国を愛する心」などの特定の価値観を国民に強要すること、ましてや法律に規定することは、「個人の尊厳」「人格の完成」など教育基本法の原理に反し、「教育を受ける権利」「個人の尊重」「思想・信条の自由」を定めた憲法にも抵触・違反することは明らかである。――「子どもが自由かつ独立した人格として成長することを、妨げるような国家介入……は憲法二六条、一三条の規定からも許されない」（旭川学力テスト最高裁判決＝一九七六年五月二一日）。

このような観点を盛り込んだ教育基本法「改正」は、それが部分的であるとしても、現行法の原理や精神と根本的に矛盾し、それを変質、形骸化させ、教育の危機と偏向を助長することは当然の成り行きである。

教育政策作成の国際的ルールは、当局と関係諸団体との協議・合意である（例、ＩＬＯ・ユネスコ「教員の地位に関する勧告」一〇項（ｋ））が、教育基本法の改正という国の教育政策の根幹が、多数の国民の反対を押し切り、教育研究者の意向をも無視し、トップダウンで短兵急に強行されようとしている。その結果、今後、教育の基本理念をめぐって政府と国民の間の意見の溝、不信・対立が深まり、合意・協力・連帯が不可欠な公教育の発展に致命的な障害となることは必至である。関係者は、教育基本法を根幹とする教育制度が、「我が国社会の発展の原動力」（答申）という観点を踏まえ、その「改正」を断念するよう勇断を求める。

（『前衛』二〇〇三年六月号）

第二節　教育基本法改定の背景

今、なぜ教育基本法が変えられようとしているのか

はじめに

教育基本法「改正」論議は、二〇〇〇年四月、「神の国」発言で近隣諸国から非難を浴びた当時の森喜朗首相（元文相）が、私的諮問機関である教育改革国民会議に、同法の「見直し」を強引に提起していらい問題化し、今日まですでに五年が経過する。同年一二月の最終報告ではそれが正式に盛り込まれ、審議は中央教育審議会（中教審）の舞台に移され、二〇〇三年三月の中教審答申を経て、「改正」法案の国

会提出が、毎年、政治日程にのぼり、その可否、推進・反対をめぐる意見や運動が広がっている。「今、なぜ教育基本法が変えられようとしているのか」、あらためてこの基本的問題について考えてみよう。

1　教育基本法「改正」論議の最近の動向

はじめに、最近の教育基本法「改正」論議の動向にふれておこう。二〇〇三年三月の中教審答申を受け、「与党・教育基本法改正に関する協議会」（与党の自民党・公明党の幹事長、政務調査会長、国会対策委員長で構成）が設置され、その作業部会の「与党・教育基本法改正に関する検討会」（座長・保利耕輔自民党議員・元文相）はこの間、ほぼ月二回のペースで会議を開催してきた。そこには、文部副大臣をはじめ文科省担当スタッフが参席し、「検討会」の要請に応じて条文素案などを作成、提示している。その情報は、開示されないが、座長などを通して一部がマスコミ等にも報じられ、二〇〇四年六月一六日、「協議会」の「教育基本法に盛り込むべき項目と内容（中間報告）」が発表された。

その要点は、「新教育基本法」は、政府提出法案、一部改正ではなく全部改正とし、基本的な理念を規定し、項目は一九とすること、内容では「教育の目標」に「伝統文化を尊重し、郷土と国を愛し（大切にし）」を含むが、「国を愛する」（自民党）、「国を大切にする」（公明党）の表現で両党の意見が一致せず両論併記、また、「教育行政は、不当な支配に服することなく」とするが、「不当な支配」の表現は変更し、教育条件に関する規定を残さないこと、などである。「愛国心」教育の重点化とそのための教育の国家統制強化という単純な図式がその骨格である。

その後約一年を経た今年（二〇〇五年）七月七日、「協議会」が開催され、「検討会」より文科省作成の法案仮要綱案に基づく現段階の検討状況が報告された。そこでは、焦点の「国を愛する心」「大切にする心」は中間報告通り両論併記が確認され、「検討会」には引き続き残された課題の検討が申し渡された。都議選（七月三日）終了後、通常国会の延長期限（八月一三日）までに法案提出のチャンスはあるものの、中教審の義務教育改革論議の行方、郵政民営化法案の参議院での審議などを控え、その可能性は狭められている。

なお、こうした与党の作業状況への圧力として、教育基本法改正促進委員会と「日本の教育改革」有識者懇談会は合同で、二〇〇四年一一月、「新教育基本法大綱」、それを解説した冊子「新教育基本法の提唱――二一世紀日本の構築のために」を発表した。両組織のメンバーは、前者は、自民・民主両党の国会議員六九人（最高顧問・森喜朗）、後者は、学者・経営者等五六人（会長・西沢潤一＝岩手県立大学長・当時）である。「大綱」は、一六項目からなり、「日本人の育成」「伝統と文化の尊重、愛国心の涵養《かんよう》」「国家の一員としての責任を自覚」などを盛り込み、「中間報告」以上に国家主義が濃厚である。

以上のように、教育基本法「改正」の内容は、教育改革国民会議報告、中教審答申、「中間報告」「大綱」を通じて「愛国心」育成を核とする国家主義が基本であり、そこに同法「改正」のねらいが集約されている。その背景は何であろうか。

2　対米従属の戦争国家づくりと教育基本法「改正」

小泉内閣発足（二〇〇一年四月）の少し前、二〇〇〇年一〇月一一日、アメリカで対日政策の基本シナリオ、いわゆる「アーミテージ・レポート」（正式名称「合衆国と日本：成熟したパートナーシップへ向けての前進」、The United States and Japan : Advancing Toword a Mature Partnership）が発表された。作成者は、アメリカ国防大学・国家戦略研究所（ＩＮＳＳ）の共和・民主両党の外交専門家チーム、いわば米国の超党派の外交頭脳を結集したオールキャスト・チームである。その中心的執筆者は、レーガン、ブッシュ・シニア政権の東アジア・太平洋地域担当の国防次官補で、ブッシュ政権でも国務副長官を務めた注目の人物、一九八〇年代からアメリカの軍事・外交を事実上取り仕切ったリチャード・アーミテージ（海軍出身）である。イラク戦争開戦時、〝Show the flag〟（日の丸を示せ）といい、小泉政権に自衛隊のイラク派遣を迫ったシーンが記憶に新しい。

レポートは、日本をイギリスと同等の同盟国とするため、日本に憲法改正(revision of the constitution)、自衛隊の国軍化をはじめ、核保有国、国連常任理事国入り、構造改革、市場開放・規制緩和、リストラ政策などを求め、米政府はその優先順位を付け、指導力を発揮すべきである、などとのべている。小泉政権は、その政策が示すように、きわめて忠実な「アーミテージ・レポート」推進政権であり、教育基本法「改正」は、憲法改正・自衛隊の国軍化、構造改革等の不可分の一環と位置づけられる。

すでに一九八九年の「ベルリンの壁」、冷戦体制の崩壊を契機に、アメリカ多国籍企業中心の経済の地球規模の競争＝グローバリゼーション(globalization)や単独行動主義＝ユニラテラリズム(unilateralism)が加速し、その対日政策が相次ぎ強化されてきた。すなわち、一九九六年四月の「日米安全保障共同宣言――二一世紀に向けての同盟」(安保の範囲を極東からアジア太平洋へと拡大し、自衛隊を海外派兵)、一九九七年九月の「日米防衛協力のための指針（ガイドライン）」(安保の範囲を「周辺事態」に拡大)、一九九九年五月の「周辺事態措置法」、二〇〇三年六月の有事関連三法（武力攻撃事態法、改正自衛隊法、改正安全保障会議設置法)、同年七月のイラク復興支援特別措置法など、アメリカ主導の日米安保体制・軍事同盟の「世界化」、自衛隊の常時海外派兵体制が着々と構築されてきた。それは「アーミテージ・レポート」の伏線であり、その総仕上げのシナリオがこのレポートである。

ただし、ハードの枠組みができても、自衛隊の軍隊化に必要な青年の「愛国心」育成、志願者の増加、戦争国家体制の「秩序」に服従する国民の育成などのソフト面の人づくりが伴わない限り、そのねらいは完成しない。そこに、政治の集約的課題として教育基本法「改正」――それを基盤とする戦後教育制度全体の「改革」が浮上する必然性がある。

3　自民党の国家主義・軍国主義的「新憲法」制定と教育基本法「改正」

自民党は、かねて「戦後政治の総決算」、自主憲法制定を掲げてきたが、今年、二〇〇五年一〇月の自民党結党五〇周年を期限として、新憲法起草委員会を中心にすすめてきた新憲法の「要綱第一次素案」を、過日七月七日、発表した。その前文には、「日本の国家目標を高く掲げる」こと、「独自の文化」「天皇と共に歴史を刻んできた」こと、「国を愛す」ること、「自由で活力に満ちた経済社会」などが、その他には、「自衛軍を保持」、その指揮権の総理大臣「個人」への専属、「公共の福祉」の「公共の秩序」への変更、などが盛られている。自由・民主主義・人権・平和などの言葉もあるが、自由は「経済活動の自由」に傾斜し、人権は「義務」によって薄められるなど、現行憲法原理は抑制され、全体を貫くのは、日本独自の文化―天皇制―愛国心―「自衛軍」―公共秩序という国家主義軍国主義であり、それが対米従属の軍事体制、経済のグローバリゼーションを補完し、それと一体化する構図である。

教育基本法の「改正」は、このような「新憲法」制定とも連動している。立法戦略としては、手続きのより容易な教育基本法「改正」を先行させ、そこに規定された「伝統文化の尊重」「国を愛する」などの文言を、困難の予想される新憲法、その「前文」に取り入れることを容易にするステップと位置づけ、実際にそのような思惑で立法作業は進行している。しかし、他方、憲法・教育基本法の一体的「改正」の立場からは、基本になる新憲法が未制定では、新教育基本法の確定は困難である。そのようなジレンマも教育基本法「改正」が足踏みしている事情、背景といえよう。

4　「池田・ロバートソン会談」以来の「愛国心」教育の軌跡とその挫折

アメリカの対日軍備増強・「愛国心」教育押しつけの先例として「池田・ロバートソン会談」が知られている。一九五三年一〇月、当時の自由党政調会長池田勇人（六〇年に首相就任）とロバートソン米国務次官補は、日米安保条約に基づく日本再軍備の協定＝ＭＳＡ（「日本とアメリカ合衆国との間の相互防衛援助協定」、一九五四年五月一日、条約六号）締結の事前交渉で、「日本政府は教育及び広報によって日本に愛国心と自衛のための自発的精神が成長するような空気を助長することに第一の責任をもつ」ことを申し合わせた（それをスクープした「朝日新聞」一九五四年一〇月二五日付）。交渉でアメリカ側は、「保安隊」（その後、「自衛隊」）地上部隊を「一応三二・五～三五万人程度」要求したが、日本側は、アメリカ主導の戦後教育改革で反戦平和教育が浸透し、青年の「保安隊」入隊希望者が少なく、無理に増員しても「思想的に不良分子が混入する危険を防ぎ難い」と反論し、早急な増員ではなく、「愛国心」教育の推進を約束した（池田の秘書官兼通訳の宮沢喜一〈九一年首相就任〉『東京＝ワシントンの密約』実業之日本社、一九五六年を参照）。

この「愛国心」教育の密約に基づき、その後、政治教育・活動を制限する教育二法（一九五四年）、「教育改革」のための保守合同（五五年）、教育委員任命制、教科書検定強化（五六年）、教員の勤務評定、学習指導要領の法的拘束力の付与（試案から告示への変更）・道徳の時間の特設（五八年）など、教育の国家統制・国家主義が急速に強化され、自民党・政府から教育基本法「改正」がしばしば提起された。しかし、国民、教師などの反対・抵抗でそのねらいは挫折し、自衛隊志願者も恒常的に不足している（二〇〇二年、定員二六万人、充足率九一％）。その執念、苛立ちが今回の教育基本法「改正」の大きな動機となっていることは否定できない。

（『ちば―教育と文化』67号、二〇〇五年八月）

第三節　教育基本法第10条と戦争と平和

教育基本法第10条と戦争と平和

はじめに

この夏、八月二四日、小田原城址内にある私立旭丘高校では「生かそう憲法・教育基本法、子どもの権利条約の魂を」とのテーマで教育研究集会が開催され、「9・11テロ・イラク戦争から平和・憲法を考える」と題する公開研究会や憲法に関するシンポジウムが開かれた。その日、私はこの集会に参加するため、同校に近い小田原駅に下車すると、「教育基本法」を叫ぶ一群の街宣集団に遭遇した。旭丘高校の集会の宣伝活動かと思ったが、受け取ったビラには、「今こそ『教育基本法』の早期改正を！」と書かれた立場の逆の団体・「神奈川県の教育を考える父母の会」のキャンペーンだった。平和と教育をめぐる今日の状況の縮図のような光景である。

戦後日本の平和の礎であった憲法・教育基本法がいま、最大の危機に直面している。あらためて、戦争と平和の問題として、教育基本法、とくに国家と教育の原理的関係を規定したその第一〇条を焦点に考えてみよう。

1　軍事体制の構築と教育基本法の「改正」動向

二〇〇〇年三月発足の教育改革国民会議の論議（同年一二月、最終報告）以来、教育基本法「改正」が政治の舞台に浮上している。今年（二〇〇三年）三月、中教審答申「新しい時代にふさわしい教育基本法と教育振興基本計画」が発表され、「二一世紀を切り拓く心豊かでたくましい日本人の育成を目指す観点から（中略）教育基本法を改正する」との方針が打ち出された。また、その行政措置として、教育の総合国家統制戦略ともいうべき「教育振興基本計画」の作成や、その法的根拠として「（教育行政が行う）『必要な諸条件の整備』には、教育内容等も含まれる」との観点の教育基本法一〇条「改正」方向が提示されている。そこでは、教育内容の国家主義と教育の国家統制はセットであり、「日本人の育成」をめざす「愛国心」や日本の「文化・伝統」の教育推進のため、教育内容に対する国家の積極的介入が主張されている。

この答申に基づき、七月期限の第一五六国会に同法「改正」案が提出される予定であったが、国民世論の反対の前に、当面、見送られた。戦後初期を除き、政府・与党は、一貫して教育基本法を軽視または敵視し、しばしば「改正」を目論《もくろ》んだが成功せず、それは長年の宿願となっていた。事態は予断を許さない情勢にある。

その背景はなにか。冷戦体制の崩壊とともに、アメリカのネオコン（新保守主義）の台頭、一極集中的経済・軍事体制の支配、覇権主義・単独行動主義などが顕著になり、日本では一九九六年以降の日米新安保体制のもとで、対米従属的軍事同盟と連動して、教育の国家主義が強化されている。その集約的動向が教育基本法「改正」であり、二〇〇三年七月、有事関連三法やイラク支援特措法の成立と同時期にそれが企図されたのはその端的な現われといえよう。八月発表の『防衛白書』（二〇〇三年版）が、有事関連三法を防衛政策の「歴史的転換点」と強調し、アメリカのイラク戦争に追随し、日米軍事同盟の「世界化」と自衛隊の常時海外派兵体勢づくりを前面に押し出したことは、新しい戦争体制の公然たる表現にほかならない。このような事態を反映し、八月六日の広島市長平和宣言は「時代は正に戦後から戦前へと大きく舵を切っている」と危機感を募らせている。折りしも、小泉首相は、自民党結成五〇周年の二〇〇五年を期し、憲法「改正」の検討を指示している。

2　平和に関する憲法と教育基本法の一体的規定

一九四七年に施行された憲法・教育基本法は、国連憲章やポツダム宣言の履行などの経過・背景に示されるように、第二次世界大戦の未曾有の惨害・犠牲とその中から、内外の平和への悲願を込めて制定された。特に教育基本法が、教育勅語を頂点とする完璧な教育の国家統制のもとで、天皇制軍国主義の注入、侵略戦争遂行の道具と化した痛恨の過ちへの厳しい批判・反省のもとに制定されたことは周知の事実である。ちなみに、昭和戦前期には荒木貞夫陸軍大将が文部大臣に、鈴木貫太郎海軍大将が教育審議会総裁（会長）にそれぞれ就任するなど（一九三八年）、軍部が教育を丸ごと支配し、戦争に総動員した。

今日、新たな戦争準備体制下ともいうべき状況において、戦争防止装置である平和に関する憲法と教育基本法の一体的規定が、あらためて注目され、重視されなければなるまい。よく知られた条文であるが、関係部分を引用してみよう。

憲法前文＝「日本国民は、（中略）政府の行為によって再び戦争の惨禍が起ることのないやうにすることを決意」し、「恒久の平和を念願し（中略）平和を愛する諸国民の公正と信義に信頼して、われらの安全と生存を保持しようと決意した（中略）われらは、全世界の国民が、ひとしく恐怖と欠乏から免れ、平和のうちに生存する権利を有することを確認する」

同九条＝「日本国民は、正義と秩序を基調とする国際平和を誠実に希求し、国権の発動たる戦争と、武力による威嚇又は武力の行使は、国際紛争を解決する手段としては、永久にこれを放棄する。（二項）前項の目的を達するため、陸海空軍その他の戦力は、これを保持しない。国の交戦権は、これを認めない」

憲法と一体の教育基本法の前文は、つぎのようにのべている。

「われらは、さきに、日本国憲法を確定し、民主的で文化的な国家を建設して、世界の平和と人類の福祉に貢献しようとする決意を示した。この理想の実現は、根本において教育の力にまつべきものである。われらは、個人の尊厳を重んじ、真理と平和を希求する人間の育成を期するとともに、普遍的にしてしかも個性ゆたかな文化の創造をめざす教育を普及徹底しなければならない。ここに、日本国憲法の精神に則り、教育の目的を明示して、新しい日本の教育の基本を確立するため、この法律を制定する」

これを受け、「教育の目的」を定めた第一条は、「教育は、人格の完成をめざし、平和的な国家及び社会の形成者として（中略）心身ともに健康な国民の育成を期して行われなければならない」と明記している。

平和国家の建設は、立法当事者の総意であり、同法制定議会におけるつぎのような意見もその一端であった。高橋誠一郎文部大臣は、教育基本法の審議自体が日本の「平和国家の建設」の努力を世界に知らせることであるとの見解をのべ、永井勝次郎議員は、「人格の完成」について、「今後の日本は従来最も欠けておった国際的な協調、国際的な広さにおける人格の完成」の必要を説いている。これに答え、辻田力政府委員は、「平和的な国家及び社会」の「社会」には「国際社会」を含み、「普遍的にしてしかも個性ゆたかな文化の創造をめざす」との条文は、「普遍的にして、世界的な、協和的に広い視野のもとに文化をおし進め、創造していくことをうたった」ものと答弁している（衆議院・教育基本法委員会議録、一九四七年三月一四日）。国際平和を希求する人間の育成が、「人格の完成」の内実として格別に重視されていたことが注目される。

3　教育基本法10条の意義と戦後教育における役割

これらの条文やその立法者意思が示すように、教育基本法の総体が、平和的な国家・社会の形成者の育成をめざす教育基本法制であったが、国家の教育内容への不当な介入を禁じ、平和のための教育を保障する制度原理・枠組みを規定したのは一〇条であり、その意味で、同条は同法の根幹、真髄であるといってよい。それは、つぎのような条文である。

「教育は、不当な支配に服することなく、国民全体に対し直接に責任を負って行われるべきものである。(二項) 教育行政は、この自覚のもとに、教育の目的を遂行するに必要な諸条件の整備確立を目標として行われなければならない」

それは、国家と教育の原理的関係を規定した教育法制史上、画期的な条文である。その関係とは、国家は教育内容 (内的事項) に介入せず、「人格の完成」「平和的な国家や社会の形成者の育成」などの「教育の目的」の実現に必要な教育条件 (外的事項) の整備確立を国家の役割として明確にし、かつ、そこに任務を限定したことである。

一項は、教育に対する政治的官僚的支配をはじめとする「不当な支配」の禁止を明記し、国家による教育統制の歯止めとなる制度原理となっている。二項は「教育行政」を行う主体である国や自治体にこの「自覚」を求め、その前提のうえに、「人格の完成」(一条) をめざすという教育固有・独自の「教育の目的」を「遂行するに必要な諸条件」を教育行政の「目標」として明示している。それは、「平和的な国家及び社会の形成者」の育成など教育基本法の定める、「教育の目的」を遂行するための教育行政を奨励するものと解されよう。

教育基本法、特に一〇条は、戦後教育史において教育の国家統制の防波堤の役割を果たしてきたことは多くの事実が示している。例えば、一九五三年の池田・ロバートソン会談では、日本の防衛力強化や、そのための「愛国心」教育の推進が密約されたが、その際の覚書がのべているように、憲法九条や占領下の「平和教育」がその壁となり、アメリカの想定、要求する部隊三二～三五万人には遠く及ばないまま今日に至っている（二〇〇二年現在の自衛隊規模は二六万人）。

その後、この密約の方針に沿って、教師の政治活動・教育の統制（一九五四年）、教育委員の任命制（一九五六年）、教師の勤務評定、校長の管理職化、学習指導要領の試案から告示への法的拘束力の付与、教科書検定の強化（一九五八年）など、相次ぎ教育の国家統制のための制度化が進むが、教育基本法一〇条の壁が立ちふさがり、教育への露骨な権力統制は阻まれてきた。

それゆえに、同条は、政府・自民党の攻撃の的となり、その空洞化的解釈・脱法的政策・行政がすすめられ、国家と教育をめぐる裁判では常に大きな争点となってきた。

しかし、戦後教育裁判史上の画期となった一九七六年の学力テスト最高裁判決では、一〇条の解釈論争で国は敗北を喫したも同然となった。判決はつぎのようにのべている。

「教基法（の制定は―筆者註）戦前のわが国が、国家による強い支配のもとで形式的、画一的に流れ、時に軍国主義又は極端な国家主義的傾向を帯びる面があったことに対する反省によるもの」であり、とくに「教基法一〇条は、教育と教育行政との関係についての基本原理を明らかにした極めて重要な規定」

である。「教基法一〇条一項は、いわゆる法令に基づく教育行政機関の行為にも適用され」、「一〇条が教育に対する権力的介入、特に行政権力によるそれを警戒し、これに対して抑制的態度を表明したもの」であり、「教育に対する行政権力の不当、不要の介入は排除されるべきである」「子どもが自由かつ独立の人格として成長することを妨げるような国家介入は（中略）憲法二六条、一三条の規定の上からも許されない」

この判決は、教育基本法の歴史的意義を論じ、一〇条について立法者意思に忠実に解釈しており、学習指導要領や教科書検定の規制の弾力化をはじめ、その後の教育裁判や立法・行政に隠然たる影響を与え、国家の教育内容への権力的・恣意的介入の一定の歯止めとなったと評価できる。

一九九七年の教科書裁判最高裁判決は、七三一部隊（日本軍の中国での人体実験部隊）に関する教科書検定（全文削除）を違法と判定し、国の侵略戦争美化の検定方針を退けたが、それも前掲判決をベースにしている。

おわりに

人類社会にとって、二〇世紀の最大の悲劇、第二次世界大戦の教訓は、二一世紀に確実に継承されなければならない重要な課題である。その点で、一九九九年、オランダのハーグで開催された世界市民平和会議の決議＝ハーグ・アジェンダ（国連総会に提出、全公用語に訳され、全世界の国家元首に送付）では、第一に、日本国憲法第九条の全世界的普及が掲げられ、平和の確立をめざす人類社会の最優先の平和行動綱領として確認されたことが想起される。「公正な世界秩序のための一〇の原則」の第一は、「各国議会は、日本国憲法第九条のような、政府が戦争をすることを禁止する決議を採択すべきである」。第九は、「平和教育は世界のあらゆる学校で必修にすべきである」などである。

教育基本法、特にその一〇条は、国家権力の教育への不当な支配を禁じ、戦争体制の復活強化の温床を、国民意識形成の次元で抑止し、根絶する制度原理であり、これからの国際社会の共通規範、指導原理として生かされるべきかけがえのない人類史的教育価値といえるであろう。そのためには、まず、日本国民が、その意義を自覚し、教育に生かすとともに、教育基本法「改正」の最大の危機にあって、総力をあげ、その全体とともに同条を守り抜くことが当面の課題である。

（『にいがたの教育情報』二〇〇三年九月）

第四節　教育条理（1947年教育基本法など）を生かす実践課題

教育の条理を生かす教育実践・行政の課題――「06年教育基本法体制」をどうのりこえるか

はじめに

「〇六年教育基本法体制」ともいうべき新たな教育の壁と対峙し、子ども一人ひとりが人間として大切にされ、楽しく学び、その可能性が花開く学校づくりをすすめるには、教育の条理に確信をもち、それを生かす視点がますます重要になっている。ここでは、〇六年教育基本法（〇六年法）により廃止された一九四七年教育基本法（四七年法）の精神を教育条理として生かす意義、特に教育条件整備の必要について考える。

1　今日の教育情勢――「06年教育基本法体制」の展開

戦後民主教育の根幹であった一九四七年教育基本法が、二〇〇六年一二月、「戦後レジームからの脱却」を旗印に掲げる安倍晋三内閣のもとで改定され、日本の教育は、新たな体制・段階――「〇六年教育基本法体制」――に移行しているが、教育政策に不可欠な国民的合意を欠き、今後の教育の制度基盤としては大きな欠陥を免れない。

安倍政権は、かねて憲法・教育基本法「改正」を主張する〝靖国派〟右翼組織の「日本会議」・神道政治連盟のハイジャック政権ともいわれ、同法改定もその筋書き通りであった。同内閣は、半年後、〇七年七月の参議院選挙に惨敗し、九月に辞任に追い込まれたが、内閣支持率の推移――発足時六三%（〇六年九月）、基本法成立時四七%（〇六年一二月）、教育三法審議時三〇%（〇七年六月、二〇～三〇代一六%、朝日新聞世論調査）――にみられるように、政権の命運を賭けた新教育基本法の強行採決は、文字通り命取りとなったといえよう。

〇六年法の具体化である教育再生会議報告（第一次・二〇〇七年一月、第二次・〇七年六月、第三次・〇七年一二月）やそれに基づく教育三法（学校教育法、地方教育行政法、教育職員免許法等、〇七年六月）改定も、内閣支持率低迷下の強行採決であった。それらが規定する教員免許更新制（〇八年度予備実施、〇九年度実施）、副校長・主幹教諭・指導教諭などの教員管理体制の強化（〇八年度）、学校評価の義務づけ（同）、学習指導要領改訂（教科の道徳教育化、習熟度別学習など、告示：二〇〇八年三月、移行：小学校・〇九年度、実施：小学校・一一年度、中学校・一二年度、高校一三年度）、全国学力テスト（二〇〇七年四月）やそれらを盛り込んだ「教育振興基本計画」（〇八年七月）などの「〇六年教育基本法体制」は、総体として教育の「不当な支配」といわざるをえない。そのもとで、教育現場では、子どもの管理や道徳教育の強化、授業の詰め込み、習熟度別指導、学力・進学競争、教員の管理、多忙・健康破壊などが助長され、子どもの学校教育への不満、荒れ、不登校、いじめ、学習意欲の減退、退学などの学習・発達の障害や困難が増大し、学校教育に対する親たちの批判、クレームの高まりも不可避であろう。

2 教育条理としての１９４７年教育基本法と「06年教育基本法体制」の克服

このような「〇六年教育基本法体制」にどう立ち向かうべきか。この点で、「『子どもたちを大切に…いまこそ生かそう憲法・子どもの権利条約・一九四七年教育基本法』全国ネット」（四七年教育基本法改悪反対運動の全国組織の発展的形態、事務局・全国教育文化会館五階）の掲げる「いまこそ生かそう一九四七年教育基本法」という視点が重要であろう。

周知の通り、同法は、戦前の天皇制軍国主義教育の反省・批判に基づき、世界史における教育の条理（教育の道理、指導的理念）を凝縮し、また、日本国憲法の精神を教育に具体化する観点で制定された。あらためて注目したいのは、そこに規定された教育条理の多くが、〇六年法に引き継がれていることであり、それには四七年法改定をめぐる国民的反対運動が反映している。四七年法は、二〇〇〇字程度（四二字×四七行）の法律であるが、その約七割（三三行程度）が、ほぼそのままの文言で〇六年法に規定されている。例えば、前文、第一、二、三条の場合、以下の通りである（カッコ内は〇六年法）。

前文＝「世界の平和と人類の福祉に貢献」「個人の尊厳を重んじ、真理を希求する人間の育成」「日本国憲法の精神に則り…この法律を制定」（〇六年法前文）

第一条（教育の目的）＝「教育は、人格の完成をめざし、平和的な国家及び社会の形成者として、真理と正義を愛し、個人の価値をたっとび、勤労…を重んじ、…心身ともに健康な国民の育成を期して行われなければならない」（同一条、二条）

第二条（教育の方針）＝「教育の目的は、あらゆる機会に、あらゆる場所において実現されなければならない。この目的を達成するためには、学問の自由を尊重し、実際生活に即し、自他の敬愛と協力によって、文化の創造と発展に貢献するように努めなければならない」（同二条、三条）

第三条（教育の機会均等）＝「すべて国民は、ひとしく、その能力に応ずる教育を受ける機会を与えられなければならないものであって、人種、信条、性別、社会的身分、経済的地位又は門地によって、教育上差別されない。（二項）国及び地方公共団体は、能力があるにもかかわらず、経済的理由によって修学困難な者に対して、奨学の方法を講じなければならない」（同四条）

これらの文言は、国際教育法規（国際人権規約、子どもの権利条約、ユネスコ勧告・宣言など）が掲げる人類普遍的な教育理念・目的と共通し、その先駆的意義をもつとともに、二一世紀の指導的教育理念にふさわしい。

他方で、〇六年法は、最も反対の強かった「伝統と文化の尊重」「国を愛する態度」（第二条）をはじめ、三〇近い「教育の目標」（第二条）を掲げ、国の教育内容統制の根拠を強化し、四七年法の真髄ともいうべき教育の国民への直接責任や教育行政の教育条件整備義務（第一〇条）を廃止した。「教育は…国民全体に対し直接に責任を負って行われるべきものである。（二項）教育行政は、この自覚のもとに、教育の目的を遂行するに必要な諸条件の整備確立を目標として行われなければならない」という規定の全面的削除である。〇六年法は、四七年法に凝縮された教育条理の多くを規定した反面、教育内容の国家統制の強化と教育条件整備の無視・軽視という四七年法と異質な教育構造を内包している。

それゆえに、「いまこそ生かそう四七年教育基本法」という視点は、教育条理を生かし、「〇六年教育基本法体制」の矛盾を拡大し、それを克服するうえで有効な戦略的実践的視点となりうる。その観点から、教育行政についても、運営、改善を求める必要がある。

3　教育条件整備の課題

その場合、教育現場における教育条理の実現とともに、〇六年法で削除された四七年法の根幹的な教育条理——ゆきとどいた教育のための教育条件整備義務を、教育行政の任務として明確にし、その遂行を厳しく迫ることが重要になる。

しばしば報じられているように、学校教育費の公財政支出（学校教育予算）の対ＧＤＰ比は、日本三・五％、ＯＥＣＤ（三〇ヵ国）平均五・〇％であり、日本は主要国で最低ランクである（『図表でみる教育——ＯＥＣＤインディケータ（二〇〇七年版）』）。財務省（二〇〇〇年まで大蔵省）主導・文科省追随の積年の「行政改革」「構造改革」の結果、教育予算は極端に冷遇され、〝世界一の高学費〟、主要国最悪の「四〇人学級」など、教育条件の劣化、教育の疲弊《ひへい》は深刻である。しかも、〇六年法による四七年法第一〇条の削除は、今後の教育財政、教育条件整備の足がかりを失うことを意味しており、その補完として、教育条件整備運動がますます重要になっている。その主な課題を指摘しておこう。

第一は、少人数学級（三〇人学級）の実現である。

戦後、公立学校の学級規模の改善は、数次にわたる教職員定数改善計画（通常、五年計画）ですすめられ、その推移は、小中学校では一九五九〜六三年度（一次、五〇人学級目標、以下同じ）、六四〜六八年度（二次、四五人）、八〇〜九二年度（五次、四〇人）、高校では、六七〜七三年度（二次、全日制四五人、定時制四〇人）、一九九三〜二〇〇〇年度（五次、四〇人学級）と改善の経過をたどるが、小中学校では九二年度以降一七年間、高校では〇一年度以降八年間、部分的な定数改善を除き、学級規模改善は停滞し、〇六年度以降三年間は計画さえ不在である。

二〇〇八年度、「四〇人学級」を下回る少人数学級を実施している道府県は四六を数え、東京都だけが未実施である。ただし、その実施の場合も、低学年などの一部に限られ、非常勤講師を乱用し、大部分は三五人以上であるなど、自治体の財政事情もからみ極めて不十分である。少人数学級実現の運動を地域・自治体の実態に即してすすめるとともに、国の責任による全国一斉の「三〇人学級」の計画的実現を強力に迫る必要がある。

第二は、学費・教育費の軽減・無償化、就学援助・奨学金の拡充である。

日本は〝世界一の高学費〟といわれるほど、国際比較でも私費（家庭）負担教育費が突出して高額である。その学習者一人当たり年額は、二〇〇六年度、幼稚園は公立二五・一万円、私立五三・八万円、小学校は各三三・四万円、一三七・三万円、中学校は各四七・一万円、一二六・九万円、高校は各五二・一万円、一〇四・五万円、大学は国立一五〇・〇万円、私立二〇一・七万円（文科省調べ）にのぼる。家計消費支出が三五三・九万円であるから、教育費が家計を大きく圧迫し、少子化の主因ともなっている。特に最近の貧困・格差の拡大のもとで、低所得家庭では、教育費の支払いが困難であり、学校納付金の滞納や就学・進学の断念、過重なアルバイトなど、教育を受ける権利、教育の機会均等が侵されている。

国際人権A規約（社会権規約）は、一九六六年、国連総会で採択され、二〇〇八年九月現在、一五八ヵ国が批准している。しかし、中等教育・高等教育の無償教育の漸進的導入を規定する一三条二項（b）（c）について、日本はルワンダ、マダガスカルとともに留保しており、国連の社会権委員会は、二〇〇一年八月、日本政府に対して二〇〇六年六月の期限を付けて、その留保撤回の検討を勧告しているが、政府は未回答である。欧米諸国は、教育人権確立の国際的合意・潮流に即し、中等教育はほとんど無償であり、高等教育も大半の国で無償または安く、返還義務のない給与制（給付制）奨学金がほとんどの国に普及している。

日本の教育条件の飛躍的改善のため、教育予算の拡充を求め、奨学援助の拡充、授業料の軽減、減免・補助の拡大、無利子奨学金の拡大や給与制奨学金の導入などを要求し、その一環として、人権A規約一三条の留保撤回を政府に迫る必要がある。

第三に、学校統廃合への対処である。

小中学校、高校の学校統廃合が加速している。小中学校について、財務省は、二〇〇七年五月、二〇〇八年度予算編成の重点として、経費三割削減を理由に「学校規模の最適化」＝学校統廃合を掲げ、それは教育再生会議報告（〇八年一二月）に盛り込まれ、〇八年六月、中教審でもその検討が始まった。これまでも、特に二〇〇一～〇五年度の「平成の大合併」を契機に、全国的に学校統廃合が増え、〇一～〇七年度に小中学校の年間減少数は、二五一校（一九九〇～二〇〇〇年度の七七校の約三倍）にのぼる。自治体レベルでは、例えば、千葉市では小中学校一七七校のうち一一学級以下の「小規模校」七六校を廃校候補にあげ、住民の説得をはじめている。「三位一体改革」による地方交付税の急減、「行政改革」による地方公務員五年間（〇五～〇九年度）四・六％以上削減、「自治体健全化法」による赤字減らしの強制などもその背景である。

外国の学校は概して小規模であり、小学校の国別平均は一〇〇～一〇〇人台が普通である（例、フランス九九人、フィンランド一〇一人、ユネスコ統計）。日本でも「適正規模」とされる一二～一八学級以下の一一学級以下の学校が小学校四九・八％、中学校五六・六％を占める。国連のＷＴＯ（世界保健機関）は、適正な学校規模の標準として一〇〇人以下を勧めている。

国の学校統廃合の〝Ｕターン通達〟（一九七三年）は、学校統廃合行政の原則として、①無理な学校統廃合禁止と住民合意、②小規模校の尊重、③学校の地域的意義、を掲げている。それは、一九五三～五五年の「昭和の町村合併」以降の学校統廃合の弊害や反省、住民運動の批判等に基づき確立した方針であり、これらの条理は今後に生かされる必要がある。

（『ちば―教育と文化』二〇〇八年一〇月号）

【資料】教育基本法（１９４７年）

われらは、さきに、日本国憲法を確定し、民主的で文化的な国家を建設して、世界の平和と人類の福祉に貢献しようとする決意を示した。この理想の実現は、根本において教育の力にまつべきものである。

われらは、個人の尊厳を重んじ、真理と平和を希求する人間の育成を期するとともに、普遍的にしてしかも個性ゆたかな文化の創造をめざす教育を普及徹底しなければならない。

ここに、日本国憲法の精神に則り、教育の目的を明示して、新しい日本の教育の基本を確立するため、この法律を制定する。

第一条（教育の目的）　教育は、人格の完成をめざし、平和的な国家及び社会の形成者として、真理と正義を愛し、個人の価値をたっとび、勤労と責任を重んじ、自主的精神に充ちた心身ともに健康な国民の育成を期して行われなければならない。

第二条（教育の方針）　教育の目的は、あらゆる機会に、あらゆる場所において実現されなければならない。この目的を達成するためには、学問の自由を尊重し、実際生活に即し、自発的精神を養い、自他の敬愛と協力によつて、文化の創造と発展に貢献するように努めなければならない。

第三条（教育の機会均等）　すべて国民は、ひとしく、その能力に応ずる教育を受ける機会を与えられなければならないものであつて、人種、信条、性別、社会的身分、経済的地位又は門地によつて、教育上差別されない。

国及び地方公共団体は、能力があるにもかかわらず、経済的理由によつて修学困難な者に対して、奨学の方法を講じなければならない。

第四条（義務教育）　国民は、その保護する子女に、九年の普通教育を受けさせる義務を負う。

国又は地方公共団体の設置する学校における義務教育については、授業料は、これを徴収しない。

第五条（男女共学）　男女は、互に敬重し、協力し合わなければならないものであつて、教育上男女の共学は、認められなければならない。

第六条（学校教育）　法律に定める学校は、公の性質をもつものであつて、国又は地方公共団体の外、法律に定める法人のみが、これを設置することができる。

法律に定める学校の教員は、全体の奉仕者であって、自己の使命を自覚し、その職責の遂行に努めなければならない。このためには、教員の身分は、尊重され、その待遇の適正が、期せられなければならない。

第七条（社会教育）　家庭教育及び勤労の場所その他社会において行われる教育は、国及び地方公共団体によって奨励されなければならない。

国及び地方公共団体は、図書館、博物館、公民館等の施設の設置、学校の施設の利用その他適当な方法によって教育の目的の実現に努めなければならない。

第八条（政治教育）　良識ある公民たるに必要な政治的教養は、教育上これを尊重しなければならない。

法律に定める学校は、特定の政党を支持し、又はこれに反対するための政治教育その他政治的活動をしてはならない。

第九条（宗教教育）　宗教に関する寛容の態度及び宗教の社会生活における地位は、教育上これを尊重しなければならない。

国及び地方公共団体が設置する学校は、特定の宗教のための宗教教育その他宗教的活動をしてはならない。

第十条（教育行政）　教育は、不当な支配に服することなく、国民全体に対し直接に責任を負って行われるべきものである。

教育行政は、この自覚のもとに、教育の目的を遂行するに必要な諸条件の整備確立を目標として行われなければならない。

第十一条（補則）　この法律に掲げる諸条項を実施するために必要がある場合には、適当な法令が制定されなければならない。

附則　この法律は、公布の日から、これを施行する。

第五章　自治体の教育政策と教育の未来

第五章解説

二〇〇六年、教育基本法改正を推進した安倍政権の「日本教育再生会議」と連携し、それを民間で支えた「日本教育再生機構」、日本会議などの〝靖国派〟勢力は、「二〇〇六年教育基本法体制」のもとで特定自治体をその「実験場」とする教育介入を強めている。

二〇〇九年三月以降、同機構の発起人・代表委員の森田健作千葉県知事が主導する教育政策（侵略戦争を美化する教科書作成・採択、「愛国心」教育を偏重する道徳教育、家庭教育に介入する「親学」など）はその一例である。二〇一〇年一月の「道徳教育民間タウンミーティングin千葉」では、開会挨拶は同機構代表・森田知事、コーディネーターは同機構理事長・八木秀次、実行委員会事務局は同機構、共賛は同機構、協賛は千葉県神社本庁・日本会議千葉、後援は千葉県・千葉県教育委員会であり、それを受けて「千葉県教育振興基本計画」が作成された（第一節参照）。まさに〝靖国派〟勢力や同機構による千葉県政の「ハイジャック」というべき事態である。

二〇一一年四月以降、橋下徹大阪府知事・大阪市長らが推進する教育政策もその典型である。同年四月、橋下知事が率いる「大阪維新の会」は府議会選挙で過半数を獲得し、六月、「君が代」起立条例が可決された。九月、「教育基本条例案」等を府議会に提案し、反対世論が渦巻く中、二〇一二年五月、大阪府・市の各「教育行政基本条例」が可決された。それは、教育委員会の自律性を侵害し、知事・市長が教育目標に介入する教育行政の制度化など、露骨な教育の「不当な支配」であり、その異常性が各方面から厳しく批判されている。大阪府・市における教育委員会制度の形骸化・否定は、新安倍政権下の「教育改革」で立法化され、全国へ広がることが懸念される。

他方、二〇一一年三月一一日の東日本大震災・福島原発事故は、「安全神話」に安住してきた国民世論に衝撃を与え、人々の人生観を根底から揺さぶり、時代の大きな転換点・分岐点を画した。そこに露呈した「文明の暴走」を制御する人間の力、それを形成する「教育の力」が厳しく問われる事態である。求められる教育は権力の隷《しもべ》ではなく、その暴走を制御する社会的な力であり、国民が主権者・市民として豊かな教養を身につけ、国家、社会、文明を主体的に統御する力量形成の力である。教育を偏狭なナショナリズムに閉じ込め、地球的・文明史的視野を閉ざす反動的イデオロギーとは対極の教育である。

第一節「自治体の教育政策と千葉県・森田県政」は、森田千葉県政の特異な教育政策の展開を道徳教育・教科書問題を中心に考察した。

第二節「東日本大震災と教育の未来」は、戦後最大の国難、人類史的惨害となった東日本大震災・福島原発事故の災害実態と救済・復興課題を概括し、特に原発事故という「文明の暴走」に焦点をあて、それを制御すべき教育の役割とあり方を論じた。

第一節　自治体の教育政策と千葉県・森田県政

森田県政と教育――道徳教育・教科書問題を中心に

はじめに

二〇〇九年三月二九日の千葉県知事選挙で森田健作候補が当選した。同候補が、東京都の自民党支部長（同年七月離党）として政治活動の資金を集めながら、知事選で「完全無所属」（届出ビラ等）を看板に当選したことは、公職選挙法（二三五条「虚偽事実の公表罪」）、政治資金規正法（二一条の政治家個人への企業・団体献金禁止）に抵触するとして告訴され、「森田知事の政治責任を追及する会」が結成されるなど、その選挙疑惑が大きな問題となった。千葉地検は「嫌疑不十分」を理由に不起訴処分としたが（同年九月三〇日）、県民の疑惑は晴れず、二〇一〇年七月の参議院選挙直前の知事支持率調査（朝日新聞社、六月二七日付）で森田知事不支持率は三二％（東京都石原知事三九％に続くワースト二位）であるなど、県民の不信は払拭されていない。しかし、知事は政治的・道義的責任、市民的規範意識が問われる立場にありながら、その地位を利用して県の教育政策に介入しており、特異な道徳教育の強制、知事が代表を務める団体の右派教科書の採択強行などが懸念されている。以下、多岐にわたる千葉県の教育行政問題のうち、この問題に限定して検討する。

1　道徳教育の強制

森田県政の道徳教育への介入経過をたどってみよう。知事は、就任以前から「日本教育再生機構」の発起人となり、結成後は今日まで代表委員を務めている。二〇〇六年七月二七日付呼びかけ文は、「歴史と伝統を否定する『戦後教育』が、六〇年以上にわたって深く国民の心と体を蝕《むしば》み」、国家衰亡の危機をまねいたので、「日本の美しい心を伝える日本教育再生機構」を結成するという。同機構は、「新しい歴史教科書をつくる会」の路線対立で脱退したグループである。

森田氏は二〇〇九年四月、知事に当選すると、七月八日には同じく同機構代表委員・野口芳宏氏を教育委員に任命し、九月二八日、千葉県の教育を元気にする有識者会議（二八人、九～一二月の四回の会議）を設置し、委員に同じく同機構代表委員・百地章氏を送り込む。同委員の提出資料には、「戦後教育の問題点…教育荒廃の原因」は「伝統」の否定・軽視、「自虐史観」、「戦後教育を受けて育ってきた親や教師」対策には「親教育」（親学）、「教師教育（師範塾）の必要性」、「千葉県の教育を元気にし、子供たちに元気を出させる教育とするには」「真の日本人教育」「日本人としての自信と誇りを回復させること」、「レーガン政権からの『ゼロ・トレランス』（寛容なしの厳しい指導）」が参考になる、等々とのべられている。

二〇一〇年一月一九日、同会議「ちばの教育を元気にする三つのプロジェクト（提言）」（提言一～一二）には、提言二「歴史と伝統文化に親しみ、郷土と国を愛する心を育てる」、提言一〇『親学』の導入など、家庭教育を支援する」が盛り込まれる。一月二三日の「道徳教育民間タウンミーティングin千葉」では、再生機構代表・森田知事が挨拶、再生機構代表・八木秀次氏がコーディネーターを務め、実行委員会の事務局は再生機構、共賛は再生機構、協賛は千葉県神社本庁・日本会議千葉、後援は千葉県・千葉県教育委員会などであり、再生機構による千葉県政介入が露骨であった。二月四日、同実行委員会は「道徳教育に関する八つの提言」をまとめ、それを受け、二月一七日、千葉県教育振興基本計画素案（全六八頁）が発表され、前掲「提言」が盛り込まれ、三月二三日、千葉県教育振興基本計画（全九〇頁、ほぼ同上。図表などで増頁）が決定した。

また、二〇一〇年五月一七日、県教委通達によりジェンダーフリー教育推進通知（二〇〇一年九月）が「廃止」され、七月二一日、千葉県男女共同参画推進懇談会が発足（～二〇一二年六月三一日）し、「有識者」代表に長谷川三千子（日本会議の女性結集の会＝改憲団体「日本女性の会」副会長）が選任された。

同年五月二八日、第一回道徳教育推進委員会（一〇人）が発足し、一一月一〇日、その最終提言「子どもたちの道徳性を高める千葉県の道徳教育」が発表された。そこでは、「千葉県に学ぶすべての子どもたち」に「日本に愛着と誇りを持」つ「道徳性」を求め、提言一「道徳教育の体系化・重点化」、提言二「教員の指導力向上」「教材及び指導資料の提供」、提言三「高等学校における道徳教育の推進」（一年次一単位「（仮称）人間としての在り方生き方を考える時間」）を掲げている。また、提言二の措置として、補正予算に「道徳教育推進プロジェクト事業」二〇五〇万円が計上（道徳教育教材ＤＶＤ〔二〇分程度〕を県下の中学校、高校に配布）された。

2　教科書問題

二〇〇六年一〇月結成の「日本教育再生機構」は、政府の「教育再生会議」と連携し、新教育基本法（二〇〇六年一二月）の推進母体となった。新法には「愛国心」などの約二〇の「教育の目標」が盛り込まれ、以後、それを具体化した新教科書の編集、検定、採択が教育政策の要となる。新教科書の採択日程は、小学校が二〇一〇年五月～八月、中学校が二〇一一年同期、県下一五（他に県立中高）採択地区で行われ、高校は二〇一二年度、高校単位で採択される。それに向け、二〇一〇年四月、右派の「新しい歴史教科書をつくる会」は自由社から、「教科書改善の会」は育鵬社（扶桑社の子会社）から、中学校の歴史と公民の教科書検定を申請し、その内容について「自虐史観」批判、日本国への愛、道徳心、公共の精神、伝統重視などをコメントしている。現在、それらは文科省で検定中で、内容は来年（二〇一二年）三月公表され、来年度採択されれば、二〇一二年度から使用される。これらの団体は、日本会議などの靖国派と連携し、すでに各地区で採択に向けた運動を展開している。

右派の教科書づくりは、一九八二年、「日本を守る国民会議」からはじまり（一九八六年、『新編日本史』＝高校）、最近では、「新しい歴史教科書をつくる会」の中学校用『新編・新しい歴史教科書』が二〇〇九年秋、横浜市で教育委員会の多数決で強行採択され、二〇一〇年度から使用されている（一万三五〇〇冊、愛媛県今治地区、大田原市、杉並区など扶桑社と自由社の合計二万一二六九冊、一・七％〔文科省発表〕）。同教科書は検定で五〇〇ヵ所余りの指摘を受け不合格、再度提出で一三六ヵ所の検定意見を受け、修正して合格するなど、問題の多い教科書であり、研究者や現元教員らが組織する横浜教科書研究会は、冊子『自由社版「新編　新しい歴史教科書」でどう教えるか』（第一号四月一日、第二号七月二三日）を発行し、その問題点等を指摘し、現職教員に配布している。批判の観点は、神話・赤穂浪士・二宮尊徳など戦前教科書の踏襲、自国・天皇中心、民衆・国際関係軽視、〝創られた伝統〟や人物・道徳主義などにわたる。

千葉県では、森田知事、野口教育委員、百地有識者会議委員が、「教科書改善の会」の代表委員であり、法律上、教科書採択は、都道府県教育委員会の「指導、助言又は援助により…行う」（教科書無償措置法一三条）とされており、同社発行の教科書が大量一括採択される可能性が高い。義務教育諸学校教科用図書検定基準（二〇〇九年三月改正）は、「…我が国の伝統と文化を基盤として国際社会に生きる日本人の育成を目指す教育基本法に示す教育の目標並びに学校教育法及び学習指導要領に示す目標を達成するため、これらの目標に基づき…審査するものとする」（総則（二））と定めており、この趣旨への適合を理由に県下の教科書選定・採択が誘導、強制、強行されることが懸念される。

（『ちば―教育と文化』二〇一一年一月号）

第二節　東日本大震災と教育の未来

東日本大震災から教育の未来を問う

はじめに

二〇一一年三月一一日の東日本大震災以来、やがて一年になる。それは戦後六六年余で最大の国難、人類史上、稀有《けう》の惨事であり、教育にも幾多の課題を提起し、一大転換・変革を迫っている。ここでは被災地・被災者の被害実態と復興課題の考察を踏まえ、大震災から問われる教育の未来についてマクロな視点から考えてみたい。

1　東日本大震災の被害と教育の課題

東日本大震災は、M九・〇の大地震、一〇メートルを超える大津波、チェルノブイリ原発事故「レベル七」と同レベルの最大級の福島原発事故という巨大複合災害であった。

一例として石巻市の場合、人口一五・四万人（二〇〇五年一市六町広域合併）で家屋全壊二一・八万世帯、死者・行方不明三八八二人、庁舎流失・職員一八人犠牲、避難所二六〇ヵ所、避難者六万人、市立大川小学校では児童一〇八人中死亡七四人・不明四人・教職員一〇名中死亡九人など壊滅的被害を受けた（二〇一二年一月末現在）。沿岸部は大同小異の惨状であり、千葉県でも旭市の津波、浦安市の液状化、東葛地域のホットスポットなどの被害に見舞われた。

被災三県の被害概要は、死亡・行方不明一万九一五三人（二月九日現在、死亡一万五八四七人、不明三三〇六人）、避難（ピーク時二〇一一年三月一五日：五二・三万人、二〇一二年二月一一日：仮設住宅五万二〇〇〇人、公営・民間借り上げ住宅六万七〇〇〇人、福島県の県外避難六万三〇〇〇人など）、強制移転約一〇万人（福島）、

震災孤児二三一人（七月一九日）、震災遺児一五六七人（同一二月）、家屋流失・全壊・倒壊六万二〇〇〇戸、失業一三万人、廃業（三県の水産業五割減）、減収、公共施設・産業基盤の喪失など被害金額は二七兆円にのぼる（政府推計、五〇兆円の推計もある）。これらは子どもの学習環境の崩壊でもあり、就学は困難を極めている。

学校関係では、学校の物的被害七九八八校（校舎等倒壊破損：三県約二〇〇〇校、全半壊二〇五校、使用不能七〇校）、教科書の津波被害六七万冊、図書館・図書室壊滅一二六施設、転校生二万五七五一人（九月一日現在。新学期開始時に三県で県内九五〇一人、県外六九八一人。福島県では七月一五日現在、県外転校八七六三人、同年五月一日現在の幼小中高の減少数合計一万七三〇八人、前年度比の減少率は各一一・〇％、七・九％、四・〇％、三・七％、大学生〇・六％）、間借り授業（サテライト、原発地域内高校九校一九〇〇人）、放射能による汚染、その測定・除染、外出規制・禁止、避難・転校、日常の不安・恐怖など被災は広範かつ深刻である。

〝生き地獄〟を生き抜く人たちの底力は、人間の強さの証として一般の人々をも励まし、内外の連帯の絆とともに復興の礎となっている。学校が果たした避難所（三県一六〇校）や子どもの保護の役割は、地域における学校や教職員の信頼を高めた。

震災後一年、物的被害の支援・復旧復興は徐々にすすんでいるが、被災した人々の衝撃、悲しみ、恐怖、苦難の体験は今も心の傷となり疼《うず》いている。放射能の汚染、恐怖はひろがり、「結婚できない」「未来はない」「どうせ帰れない」などの子どもたちの悩みも深刻である。未来を脅かされ、友だち・知人や家族がバラバラにされ、仕事を失い、故郷を壊され、追われた人たちの無念、絶望、怒りははかり知れない。

当面の復興には教育面でも幾多の課題がある。①被災した学校施設・設備・教材の復旧・改修・補充、②学校耐震化、③復興拠点の学校存続（現在、沿岸部の使用不能の小中高七〇校で再建計画一一校、岩手・宮城県の小中学校二五校は統廃合検討中）、④教育費・学費・奨学金等の就学費支援、⑤就職活動支援、⑥教育予算・学級規模・教職員定数など教育条件整備（④〜⑥は被災地・被災者優先実施）、⑦被災実態に適合する教職員人事、⑧災害補償・損害賠償、⑨子どもの内面理解と心身のケア・治療、⑩震災孤児・遺児救済、⑪放射能汚染対策・予防、⑫避難・転校生の受入・支援、交流費・通学費援助、⑬地震・防災・避難、原子力、放射能、エネルギー等の教育の反省と改善、⑭自然との共生、ライフスタイルの転換など価値観・生き方の教育、⑮地域・まちづくりへの参加、その他である。

特に福島原発事故では天文学的放射能が日本全土に放出され（政府のＩＡＥＡ報告書、ヨウ素換算七七万テラベクレル、「テラ」＝一兆倍）、将来、癌多発が予測されており（二〇〇キロ圏内で一〇年間一二万人。ＥＣＲＲ〔ヨーロッパ放射線リスク委員会〕、二〇一一年三月三〇日）、次世代の救済・予防・治療に万全の措置が緊要である。同時に、再発防止のため、全原発停止・廃炉、使用済み核燃料や汚染土壌・瓦礫・焼却灰等の厳重保管、六ヶ所再処理工場閉鎖、汚染食品流通阻止（全食品ベクレル表示）・厳格な安全基準、十分な損害賠償・補償（自主避難を含む）、電力会社の送・配電線売却、電力浪費事業の停止、節電、自家発電拡大など――の即時総合的実施が急がれなければならない。

震災・原発対策とともに問われるのは、この国難、人類史的惨禍を克服し、真に安全・安心・希望の実感できる新しい社会の展望であり、その根本の力である教育の未来、三〇年、五〇年、一〇〇年先を見据えた教育の構想である。以下、この問題を重点に考える。

2　東日本大震災と教育観の転換

東日本大震災は、経済的に疲弊する日本に致命的打撃となった。すでに〝失われた二〇年〟（一人当たりGDPの伸び率は一九九五〜二〇〇八年に日本〇・九一倍、世界平均一・七二倍、世界ランキングは八位から二二位）、リーマンショック（二〇〇八年）、世界同時不況（二〇一〇〜）、主要国最悪の一〇〇〇兆円巨大債務など深刻な事態が続いている。少子高齢化で五〇年後（二〇六〇年）に人口は七割（六七・八％）に縮減し、高齢者がその四割（三九・九％）を占める（政府研究所推計）。原発事故による膨大な放射能は地球を永久に汚染し、その再発・頻発が現実的になった。この途方もない国難、文明史的災難の克服には、モノやカネなどハードの部分の復旧復興以上に、人の心や知力というソフトの部分の復興、変化が重要になる。事実、大地震は、全国民の心の深層に〝地殻変動〟的衝撃を与え、国会では「3・11は日本中を哲学者にした」などと論じられた（七月六日）。教育についてもパラダイムの転換が問われている。

時代の試練は新しい教育観の誕生の契機ともなりうる。第二次世界大戦直後、「戦争は人の心の中で生まれるものであるから、人の心の中に平和のとりでを築かなければならない」（一九四五年ユネスコ憲章）、「日本国憲法を確定し、民主的で文化的な国家を建設して、世界の平和と人類の福祉に貢献しようとする決意を示した。この理想の実現は、根本において教育の力にまつべきものである」（一九四七年、教育基本法）などの教育規範・条理が生まれたことは記憶に新しい。

現代は一〇〇年でなく一〇〇〇年の節目、ミレニアム（千年紀）の文明史的岐路にあることを国連も示唆してきた。ユネスコは、二一世紀に向けた教育宣言（一九九八年、高等教育世界宣言）で、教育は人権と民主主義、持続可能な開発、平和の主柱であり、二一世紀の人類的課題の解決は「教育の役割により決定される」と明言し、「千年紀の出発」の地点から教育最優先を唱えた。「最も能力のある若者を教職に引きつける」（一九九六年、教師の役割勧告）という教師採用論、「世界的な食糧保障、気候変動、水資源管理、文明間対話、代替エネルギー、公共の健康に取り組むグローバルな知識の一般化」などの高等教育の社会的責任論（二〇〇九年、高等教育コミュニケ）はその各論である。「文明の暴走」が予見される二一世紀に備えた教育への警鐘といえよう。東日本大震災はその例証であり、人災の一因である教育への厳しい反省とそのコペルニクス的転換が求められる。

3　東日本大震災と文明の暴走

東日本大震災の本質的特徴は、文明の脆弱《ぜいじゃく》さと暴走の露呈である。巨大地震・津波は地球の自然現象であり、世界有数の〝地震の巣窟《そうくつ》〟日本列島は常に大地震のリスクに直面している。その事実が軽視され、不確かな地震学の予知に頼り、地域の疲弊、津波・避難対策の遅れや不備が重なり甚大な震災を招いた。「文明」に感覚が麻痺し、科学を過信し、自然の脅威への備えを怠った結果であり、自治体の広域化、沿岸部の冷遇・貧困化など政治や行政の歪みが被害を増大させた。約二万人の死者・行方不明の大多数は沿岸部、高齢者に集中し、死者の九割以上（九二％）が津波による水死であった。震災は自然災害であるが、復興の遅滞を含め、それを拡大した人災・政治災害であった。

とりわけ福島原発事故は文明の暴走を象徴する。現代文明、科学技術の精華とされる原発は原爆と核分裂反応では同根であり、大事故が発生すれば、放射能によっては半永久的（半減期：ヨウ素131約八日、セシウム137約三〇年、プルトニウム239約二万四〇〇〇年、ウラン238約四五億年など）に人体を損ない、環境・生態系・食糧を汚染しつづけ、使用済み燃料・放射性廃棄物は処理不能で無限に累積される（六ヶ所再処理工場）。その危険性は国際的な原発産業推進体制（ＩＣＲＰ＝国際放射線防護委員会）、「安全神話」「原子力村」（原発利益共同体）などの政治的虚構で隠蔽・封印され、事故後も被害は拡大している（スピーディ〔ＳＰＥＥＤＩ＝緊急時迅速放射能影響予測〕のデータ開示遅れなど）。

とりわけ「フクシマ」の衝撃は全世界を席巻し、反原発の機運は内外で一挙に高まった。例えば、七ヵ国（日米仏ロ韓独中）世論調査では事故前後で原発に賛成五〇％↓四一％、反対三六％↓四九％と逆転し（朝日新聞社調査、五月六日実施、二一日付）、直後、ドイツ、イタリア、スイスなどが相次ぎ脱原発を決定し、国内では脱原発世論が約八割（七七％、同紙七月一二日付）に急増した。国内原発五四基のうち五〇基は二〇一二年一月二五日現在運転を中止し、四月末にはすべて停止する。

〝地震列島〟日本はもとより、世界の原発もリスクに満ちている〔世界全体四三二基、電力の六％。米一〇四基、フランス五九基等〕。事故は大地震・津波以外でも設計・管理・操作ミス・手抜き、機器・部品の欠陥・破損・劣化、停電など無数の原因で発生し（福島原発事故では配管破損説が有力、その近辺の原発も危機一髪だった）、とくに増大するテロ（二〇〇一年「9・11」テロ）、最新兵器などによる攻撃に対し防御は不可能に近い。人類はこの不安、危険、恐怖にさらされ、若い世代には暗い未来が横たわる。

しかも、文明暴走の危険はあらゆる分野で加速している。原発と同根の核兵器は削減の趨勢《すうせい》下でも膨大な量が存在している（二〇〇九年、ロシア四六三〇発、米二四六八発ほか中仏英の五ヵ国合計七七六八発）。「原子力の平和利用」と宣伝される原発は潜在的核兵器でもあり、原発でつくられるプルトニウムは原爆製造の素材となり、数ヵ月（日本は四ヵ月以内、敦賀原発・もんじゅが拠点）でそれが可能とされる。さらに、核兵器以外の無人ロボット・マイクロ波・ナノ・生物化学・宇宙兵器などの開発、軍拡がすすみ、軍事費は膨張の一途をたどる（二〇一〇年、世界合計一三八兆円、米が四三％）。

際限ない経済競争・市場主義、そのグローバル化は文明暴走の先端であり、その利潤本位が原発競争を助長する。その弊害は広汎にわたり、資源浪費（石油・水・食糧・森林等不足）、環境汚染・生態系破壊、気候変動、経済・金融の攪乱《かくらん》・無秩序、債務膨張、植民地化、格差・貧困・失業拡大、利己主義蔓延・不道徳・犯罪多発・アイデンティティ破壊、不満・反抗増大、暴力・弾圧・独裁・圧政横行、人権侵害・民主主義形骸化、海賊多発、内戦、国際紛争、宗教対立・文明衝突などの背景となり、原発事故、世界大戦の危機を増幅している。急速なコンピューター（ＩＴ）革命は、軍事・産業・金融、学問・科学など諸分野の発展を加速し、影響は測りがたく、例えば、生命科学では遺伝子・細胞・脳の操作による「クローン技術」「サイボーク技術」など深刻な倫理問題を生みだしている。とりわけ科学技術をも凶器に変えるグローバル資本主義の暴走は、今日の時代に生きる地球人の共通の危機である。

「文明の暴走」が予見される事態は枚挙に暇《いとま》がなく、人間・人類は将来、その制御ができるだろうか。人間の能力は基本的に教育・学習により形成されるのであり、この問題は文明が教育・学習の力で制御可能かという問いに帰着する。教育への楽観、過大評価ではなく、その限界、無力、有害性などへの冷徹な認識と洞察が求められる。

4　文明の暴走と教育による制御

「人間は教育によってつくられる」、人間は「教育的動物」といわれる。ほかの動物が基本的に遺伝子に刻まれた「本能」により能力を発現、発揮するのに対し、人間は主として、教育・学習により文化を伝達し習得して能力を形成するように特異な進化を遂げた生物である。大脳の顕著な発達が他の動物との差違を生みだした。人間は、教育により形成された能力を土台に、世代を重ねて新たな文化・文明を創造、蓄積し、それがまた能力形成の土台となる。

しかし、教育と文明の乖離の拡大は宿命的でもある。教育による個人の能力形成は一代限り、世代毎にゼロからの繰り返しで、文化の蓄積や教育の進歩が能力形成に有利としても、個人の発達には絶対的限界がある。これに対し、文明は何千年にもわたり正負ともに蓄積され、際限なく膨張、専門化、複雑化、加速化し、時代とともに教育の力、個人の能力と文明との乖離が拡大していくことは避けられない。文明は、自然・生態系や人間の内なる自然を破壊し、人間の生命力や可能性を弱める負のスパイラルも増大する。

こうして教育と文明の乖離がすすみ、やがて人間による文明や社会のコントロール不全の事態が予想される。東日本大震災、とくに福島原発事故はその証であった。それを体験した世代には後世のため、限界ある教育の可能性を拓き、文明の逸脱・暴走を制御する人間主体を形成する「教育力」創造という難題に立ち向かう決意が求められる。ユネスコの提言の通り、これからの一〇〇年、一〇〇〇年、それ以後も永続的に人類の未来は「教育により決定される」だろう。文明の暴走を制御する教育の確立には、国内だけでなく地球規模の国際協調と共同知性が必須となる。

日本の場合、当面、主要国最低の教育予算の飛躍的急増が課題である。教育機関に対する公財政支出の対GDP比は、OECD平均五・〇%、日本は三・三%、データ掲載三一ヵ国で最低（二〇〇八年）の亡国的惨状であり、それが国力衰退を招いた。失地挽回のためその平均を遙かに超える予算を確保し、主要国最低水準の教育条件（「三〇人学級」、高校・大学等の無償化、給付制奨学金など）の遅れを早急に取り戻すことである。少人数学級により子どもの発達可能性を最大限に引き出す条件が整う。教育費の「自己責任」「受益者負担」主義と決別し、あらゆる段階の「無償教育」（国際人権A規約一三条）に転換すれば、学生は修学に没頭でき、その成果は社会に還元される。教育は私的利益から公的利益の実現の基礎に変わり、利潤本位社会から打算を超えて人々が奉仕し合う無償・連帯・利他社会が展望ができる。高学費に起因する少子化の流れが止まり、社会の活力が蘇る。

「文明の暴走」の制御の手綱《たづな》として「教育力」を強めるには、公教育の量的拡大とともにその質的改革は喫緊の課題である。教育の条理（人間・個人の尊厳、真理と正義、人格の完成、平和で民主的な社会や国家の形成者、政治的教養、学問の自由、機会均等など）の尊重、権力統制からの教育の解放と自由・自治、多様性・創造性の保障、平等・公正の徹底、共同・参加の確立、学校偏重から生涯学習の重視など、個人と社会の教育・学習の可能性を最大限高める教育の根本的改革が緊要である。教育は国家の統制・従属からの自由、参加とともにその監視・統御の役割が重要になり、その力の源泉である学習は権利であるとともに生涯の社会的義務として自覚されるだろう。

原発事故は先端科学・技術、利潤本位の資本主義、国家が一体化した「文明の暴走」の典型であるが、その危険の感覚を麻痺させる「安全神話」の信仰は教育システムの所産でもあった。例えば、学習指導要領や教科書など国際的にも異例・異常な教育の国家統制は、真理の探究、批判的思考を鈍化させ、国連から改善勧告を受ける過度の競争・選別教育は、参加・共同・連帯能力や自然・社会・世界への関心などを衰退させる。例は「安全神話」にとどまらない。文明暴走装置に組み込まれた教育制度をその制御・

歯止め装置に転換させる教育の抜本的改革が不可欠である。

さらに、「教育とはなにか」という根本問題のとらえ直しが迫られる。マクロの視点では、教育は学力や道徳、人材育成などにとどまらない「人間をつくる」という人間社会の根源的いとなみであり、人類史的スケールの「教育」の考察が必要になる。ヒトの「教育的動物」への進化は、万物の最善の進化の証とはいえず、子孫を残す自然淘汰の力が、教育の軽視や過ちで弱まれば、人類という種の絶滅をまねくリスクを伴う（戦前日本の教育の教訓）。人類史七〇〇万年の「教育の歴史」の探求から、その過程で形成、継承されてきた人間の本質とされる共同性（思いやり、助け合い、無償・利他的行為、良心など）やそれを育んだ教育の探求が深まれば、文明化された社会や教育の再生にその知見を生かすことができる。

ミクロの視点では、原子・分子・遺伝子・細胞・脳レベルからの教育の探求である。原子レベルの異常作用、原発事故による放射能被爆（一ベクレル＝一秒に一個の原子を崩壊する単位）は、低線量でも細胞分裂の盛んな時期の受精卵、胎児、乳幼児、子ども、若い人ほど遺伝子を傷つけ、細胞のガン化など突然変異、病変を引き起こす。放射性廃棄物処理の技術は未熟で、放射能汚染は永久的である。人間は、胎内で三八億年の生命進化、系統発生を経て誕生し、幼少期ほど能力の中枢、脳の発達が顕著である。〃命のリレー〃である教育の原理が、胎児からの生涯にわたる発達研究、特に脳研究との協同により解明されれば、人間の個体発生・発達の筋道や無限の可能性を秘める脳の生理に適合した文明、社会や教育の変革にその知見が生かされる。

東日本大震災から教育が汲み取るべき反省や教訓には、震災対策的実践・理論・改革にとどまらず、新たな「教育力」創造という包括的課題が含まれるであろう。それは私自身への宿題でもある。

おわりに

本稿は震災以来の私的体験で触発された問題意識が投影している。例えば、3・11当日、千葉県議会傍聴中（自民党の特定教科書採択議案提出）、震度五を体験した。震災直後の学習会で学生たちが語った原発テロ恐怖論が忘れられない。高校生徒会の震災問題シンポジウムでの発言に市民的成長を実感し（神奈川県旭丘高校、五月二一日）、千葉革新懇シンポジウムでは「教育を震災復興・新しい国・まちづくりのシンボルに」と題して発言した（七月二日）。「教育のつどいin千葉」（八月一九〜二一日）の現地実行委員会（委員長・三輪）では災害問題を検討し続け（六月一二日、三輪報告「地震災害と教育」）、教育全国署名スタート集会（七月八日）で「教育支援を軸に東日本大震災の復興を」（演題）と呼びかけ、福島・宮城両県の同スタート集会（九月三日、四日）では被災地現場から震災問題を考える機会を得た。本年三月一一日には「震災復興　さよなら原発　3・11千葉県民集会」の呼びかけ人として参加する。

（『ちば―教育と文化』二〇一二年二月号）

【著者紹介】

三輪定宣(みわ・さだのぶ)

1937年生まれ。
東京大学大学院教育学研究科博士課程単位取得満期退学。
相模女子大学、高知大学、千葉大学で教鞭をとる。
現在、千葉大学名誉教授、帝京短期大学教授。
専門は教育学。日本教師教育学会会長などを務めた。

近著に『教育学概論』(学文社、2012年11月)。

教育の明日を拓く

いじめ克服、少人数学級、教育無償化、反動教育阻止のために

2023年4月30日発行

著　者　三輪定宣

発行者　向田翔一

発行所　株式会社 22 世紀アート
〒103-0007
東京都中央区日本橋浜町 3-23-1-5F
電話　03-5941-9774
Email: info@22art.net　ホームページ : www.22art.net

発売元　株式会社日興企画
〒104-0032
東京都中央区八丁堀 4-11-10 第 2SS ビル 6F
電話　03-6262-8127
Email: support@nikko-kikaku.com
ホームページ : https://nikko-kikaku.com/

印刷
製本　株式会社 PUBFUN

ISBN : 978-4-88877-193-1